K2468

EDWARD HEATH

SEGELN

KOEHLER HERFORD

MCMLXXX

SEGELN

EIN STÜCK MEINES LEBENS

EDWARD HEATH

KOEHLER HERFORD

MCMLXXX

Gewidmet
der Crew der »Morning Cloud«,
ohne deren Einsatz nichts hätte
erreicht werden können,
und denen, die ihr Leben ließen:
meinem Patenkind Christopher Chadd
und Nigel Cumming

Titel der Originalausgabe:
»Sailing – A Course of My Life«
Copyright by Edward Heath und
Verlag Sidgwick and Jackson Limited, London
Aus dem Englischen übertragen
von Hans-Rudolf Rösing

Heath, Edward
Segeln
Ein Stück meines Lebens
1. Auflage, 1980, 177 Seiten

ISBN 3 7822 0162 0

Fotos (alle mit freundlicher Genehmigung des Verlages Sidgwick and Jackson Limited, London, der Originalausgabe entnommen):
Associated Press (1); Australian Information Service (4); Chris Barham (1); Beken of Cowes (4); John Bethell (12); Alistair Black (10); J. Allan Cash (1); Central Press (1); Gerry Cranham (2); Daily Telegraph (4); Financial Times (1); Paul Forrester (2); Barry Fountain (1); Fox Photos (5); Ambrose Greenaway (6); Keystone Press Agency (3); Life Editorial Services (4); London Express (4); London Express/David Cairns (7); Brian Manby (3); Photo Partrol, Sydney (1); Popperphoto (2); Peter Powell (8); Press Association (1); Qantas (4); Laurie Richards (2); Roger Smith (8); Sport and General (2); Sports Illustrated (3); Syndication International (2); Topix (2); Chris Wood (1); Yachting Photo - Jean Dupuy (1); alle übrigen Fotos: Archiv Edward Heath;

Schutzumschlag (Titelseite): dpa, Hamburg (1)

Schutzumschlag- und Einbandgestaltung, Typographie: Martin Andersch, Hamburg

Herstellung: Heinz Kameier

Druck: HB-Drucke Brackmann GmbH, Löhne

Buchbinderei: Hunke + Schröder, Iserlohn

Printed in Germany

INHALT

1

Vor dem Start. Von links nach rechts: Anthony Churchill, Verfasser und Sammy Sampson.

NACH DEM SYDNEY/HOBART RENNEN

31. DEZEMBER 1969

Als wir den Derwent-River aufwärts nach Hobart segelten, konnte ich fühlen, wie die Spannung wuchs. Der Wind, der mit 25 bis 30 Knoten über das Deck geblasen hatte, als wir von der Storm-Bay kommend in die Flußmündung einliefen, hatte mehr und mehr nachgelassen. Jetzt stand er nur noch leicht durch und es sah ganz danach aus, als ob er vollständig einschlafen wollte. Sollten wir, so kurz vor dem Ziel, um unseren Sieg betrogen werden? Das ist der Moment, den jeder Regattasegler fürchtet.

Die Spannung war verständlich. Erst um 13 Uhr dieses Tages – wir segelten gerade über die Storm-Bay – hatte mein Navigator im Tasmanischen Rundfunk gehört, daß wir das 25. Sydney-Hobart-Race gewonnen hätten, wenn wir bis etwa 18 Uhr die Ziellinie passierten. Bis dahin hatten wir nicht an eine Chance geglaubt. Aber nach der Rundfunkdurchsage waren erst wenige Boote eingelaufen. In der Tat waren nur drei von den großen Booten im Hafen, dabei die englische *Crusade* von Sir Max Aitken, die mit der *Apollo* des Australiers Alan Bond auf dem ganzen Wege längs der Küste Seite an Seite gekämpft hatte. Aber es wurde durchgegeben, daß drei andere Boote bereits auf dem Fluß wären, unter ihnen das zweite Boot des englischen Teams, Arthur Slaters *Prospect of Whitby*. Und wir waren hier, nur ein paar hundert Yards von der Ziellinie entfernt, die vor der Hafeneinfahrt lag, mit unserem Leichtwetterspinnaker oben, vor dem Wind oder vielmehr vor dem geringsten kleinen Hauch einer Brise.

Ich saß selber am Ruder und meine fünf Männer bei mir im Cockpit. Ich hatte ihnen gesagt, wir sollten, da wir möglicherweise gewinnen würden, etwas für unser Äußeres tun, damit wir nach mehr als vier Seetagen beim Einlaufen einigermaßen anständig aussähen. Am schnellsten und einfachsten könnten wir das, wenn wir unser weißes und blaues Ölzeug anzögen, wenngleich das Wetter und die sommerliche Hitze wirklich nicht dazu angetan waren. Aber wir wollten doch wenigstens ein bißchen manierlich aussehen, wenn wir in Hobart einsegelten – oder besser gesagt, hineintrieben.

Als wir langsam voran kamen, sah ich mich kurz einmal um. Die Piers waren gedrängt voller Menschen, die zu uns herübersahen. Dahinter Reihen über Reihen von Autos, bis hinauf auf die dahinterliegenden Höhen. Die Sonne beschien die sauberen, weißen Häuser. Ich sah ein Boot, vermutlich das der Regattaleitung, auf uns warten, wo die Ziellinie sein mußte. Selbst auf die Entfernung konnte ich die Erregung der vielen Menschen förmlich mit den Händen greifen.

Der Wind wurde noch leichter und ich merkte, daß das Boot langsam auf das südliche Flußufer zutrieb. Ich versuchte laufend, dem entgegenzusteuern, um das Boot vorsichtig noch an die Ziellinie heranzubringen. Ich spürte, wie die Crew immer besorgter wurde, und als wir noch etwa 150 Yards vom Zielrichterboot entfernt waren, wurde mir klar, daß wir halsen mußten, um noch hinzukommen. Widerstrebend gab ich den Befehl: »Klar zum Halsen!« So aufgeregt war meine Besatzung, daß die beiden Steuerleute, die normalerweise ihre Station hinten im Cockpit hatten, zum maßlosen Erstaunen der Männer auf dem Vorschiff nach vorn an den Spinnaker flitzten, um beim Manöver zu helfen. Später meinte einer von der Vorschiffsgewerkschaft: »Noch nie sind sie vorne bei uns gewesen und ich glaube auch nicht, daß sie je wieder zu uns kommen.«...

Man konnte förmlich hören, wie die Menge die Luft anhielt, als sie uns so dicht vor der Linie halsen sahen. Nachträglich hätte niemand von uns behauptet, das wäre unser bestes Halsemanöver gewesen, oder auch nur, daß es so gelaufen wäre wie sonst immer, aber es erfüllte seinen Zweck, und auf nichts anderes kam es jetzt an.

Bei weiter abflauendem Wind legte ich das Ruder ganz vorsichtig über, und wir glitten weiter auf die Linie zu. Es kam uns vor, als dauerte es unendlich lange, aber wie wir vorwärts krochen, wurde das Bild vor uns immer deutlicher. Wir konnten die Mastspitzen der bereits eingelaufenen Boote sehen. Wir konnten schon einzelne Gesichter in der Menge ausmachen; und dann kamen wir in die Nähe des Zielrichterbootes. Die Erregung stieg.

Schließlich war es soweit: wir gingen über die Linie. Und dann war der Teufel los. Alle Autos hupten, die Menschen riefen Hurra und die Sirenen heulten. Alles ging so schnell. Das Boot kam längsseit, um uns in den Hafen zu schleppen. Wir ließen den Spinnaker fallen. Die Spannung auf unserem Boot sackte plötzlich zusammen, und löste sich in einem freudigen und lauten Lachen. Ich hatte einen Kloß in der Kehle. Mit

dem fast kleinsten Boot des ganzen Feldes hatten wir das Sydney-Hobart-Race gewonnen.
Wir machten bei den schon eingelaufenen großen Booten fest. Die Engländer auf der *Crusade* stimmten lauthals wohlbekannte und zum Anlaß passende Shanties an. Der auf der Pier hin- und herwogenden Menge gefiel ihr nicht immer ganz wohlanständiges Aroma. Man sagt, daß einer auf einem anderen englischen Boot in seiner Aufregung auf den Mast enterte und dabei seinen Hintern allgemeiner Betrachtung preisgab. Wir haben das nicht gesehen, denn auf *Morning Cloud* mußten wir uns erst einmal an den Gedanken gewöhnen, daß wir tatsächlich gewonnen hatten. Als ich über das Boot blickte, sah ich, wie Owen Parker schon in aller Ruhe dabei war, die Spinnakerschoten und -achterholer aufzuschießen und die Segel in den Sack zu stauen, ohne sich darum zu kümmern, was gleich über uns hereinbrechen würde.
Als erster kam der Vertreter der örtlichen Brauerei an Bord und brachte uns eine große Schachtel tasmanischen Dosenbieres. Wir waren – und sind – ein trockenes Boot, aber jetzt ging das Bier schnell seinen Weg. Überall knallten die Verschlüsse. Dann kam die Invasion der Kameraleute von Fernsehen und Presse, die alle zu gleicher Zeit Bilder von uns in verschiedener Gruppierung machen wollten. Es war allerhand los, bei uns an Bord.

Eine Dose Bier wartete auf uns zur Begrüßung, als wir in Hobart festmachten. Von links nach rechts: Anthony Churchill, Sammy Sampson, Owen Parker, Jean Berger, Verfasser, Duncan Kay.

Als das glücklich vorbei war und ich dachte, ich könnte mit meiner Crew im Cockpit ein wenig Luft schnappen, fand ich unseren dritten Besucher vor. Ein schlanker, gut angezogener, patenter junger Mann stand vor mir und sagte: »Sir, der Gouverneur läßt grüßen und würde sich freuen, wenn Sie bei ihm wohnen könnten. Er hat mich gebeten, Ihnen auszurichten, daß er Sie heute abend zum Dinner erwartet, zwischen einviertel vor acht und acht, – Smoking.« Da wußte ich, daß England und seine Tradition hier im fernen Australien immer noch fest verwurzelt waren. Wir waren wirklich nach Hause gekommen!

Ich dankte, überlegte kurz und sagte: »Dann muß ich erst einmal mein Gepäck suchen.« Die Australier hatten mit der tüchtigen Hilfsbereitschaft, die wir immer wieder bei ihnen erlebten, unser Gepäck in Sydney gesammelt und es umsonst nach Hobart geflogen. Der Adjutant des Gouverneurs hatte schon den Schuppen ausfindig gemacht, wo es aufgestapelt lag. Er brachte mich gleich hin, nur um zu entdecken, daß ausgerechnet mein Gepäck von dem der 79 Boote der Regatta als einziges untergeschnitten war.

Da konnte man nichts machen, und ich mußte zum Gouverneurspalast gehen, wie ich war. So saß ich an diesem Abend mit dem Gouverneur, seiner Familie und Freunden in weißen Hosen und meinem blauen Segelpullover mit der Aufschrift *Morning Cloud* zu Tisch! Sicher das erste und vermutlich auch das letzte Mal, daß ein von See kommender Seemann bei ihm in diesem Aufzug speiste.

Nach dem Dinner traf ich mich mit der Crew, die im Hobart-Yacht-Club feierte. Alle schienen sie, offenbar unbekümmert und ohne große Hemmungen, Fernsehinterviews zu geben. Sie feierten nicht allein den Regattasieg, sie feierten auch eine gewonnene Wette. Sie waren, was ich nicht wußte, in die Regattawette eingestiegen und hatten ein solches Vertrauen in unser Boot gehabt, daß sie auf uns gesetzt hatten. Nun waren sie dabei, den Gewinn auf den Kopf zu hauen.

Irgendwann war Schluß; spät in der Nacht, oder war es früh am Morgen? Aber wer konnte da schon etwas sagen? Das Sydney-Hobart-Race ist eines der großen, klassischen Ozeanrennen und manche meinen, eines der härtesten. Nach einem langen, schnellen Spinnakertörn hatten wir einen aus der Antarktis kommenden Sturm auf den Hut bekommen. Das erste Hobart-Race, 1945, hatte auch ein Engländer, John Illingworth, gewonnen. Danach waren wir die ersten Engländer, die es wieder schafften und das gleich bei unserem ersten Versuch. Was die Zukunft auch bringen würde, dies war etwas, das niemand uns oder der *Morning Cloud* nehmen konnte.

Der Kurs von »Morning Cloud«, dazu zum Vergleich die direkte Kurslinie. Das Sydney-Hobart-Race ist eines der drei großen klassischen Hochseerennen.

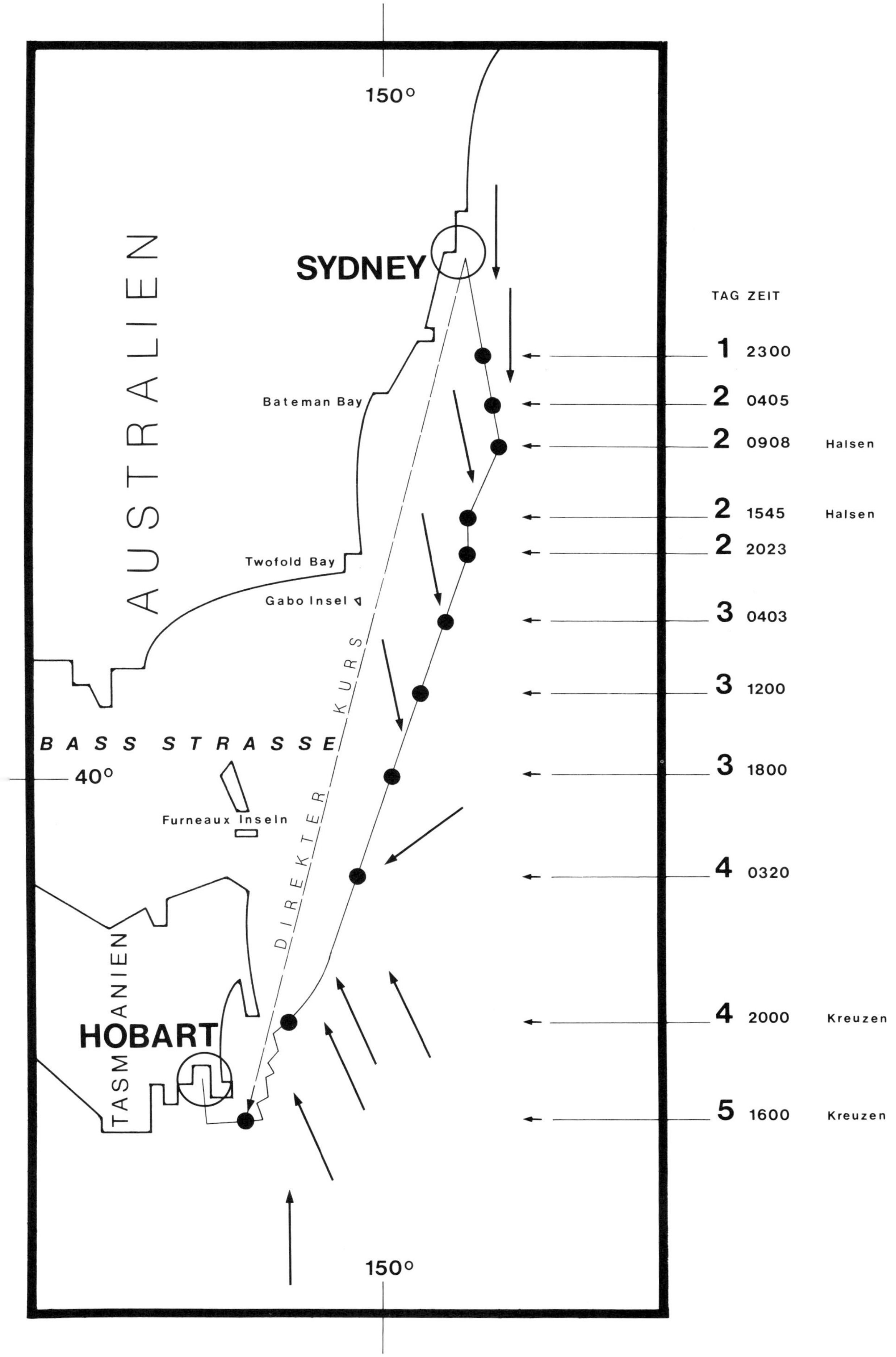
150°
AUSTRALIEN
SYDNEY
TAG ZEIT
1 2300
2 0405
2 0908 Halsen
2 1545 Halsen
2 2023
3 0403
3 1200
3 1800
4 0320
4 2000 Kreuzen
5 1600 Kreuzen
Bateman Bay
Twofold Bay
Gabo Insel
DIREKTER KURS
BASS STRASSE
40°
Furneaux Inseln
TASMANIEN
HOBART
150°

2

SO
FING
ES
AN

Wie kamen wir an das Sydney-Hobart-Race? Wie hatte das alles begonnen?
An einem Wochenende des Frühsommers 1966 war ich zu Hause in Broadstairs an der Kanalküste. Der Leuchtturm von North Foreland, eine gute Meile außerhalb der Stadt, ist der am weitesten östlich liegende Punkt Englands. An klaren Tagen können wir von den Klippen bis nach Calais und zur französischen Küste hinüber sehen. Wir kennen die schwere Kanalsee, die den größten Teil des Jahres über steht, und das warnende Blinken der drei Feuerschiffe auf den grimmigen Goodwin Sänden läßt uns die Gefahren der See nicht vergessen. Die Mole schützt vor Nord- und Ostwinden; die Bucht schirmt uns gegen Westen und Süden ab. Es gibt einen kleinen Hafen, der jedoch ein Tidenhafen ist, und meistens kann man mit einem Boot nur in der Zeit von zwei Stunden vor bis zwei Stunden nach Hochwasser ein- oder auslaufen.
Oberhalb der Mole, in beherrschender Lage, steht Bleak House, welches Fort House hieß, als Charles Dickens hier lebte. Der Schriftsteller verbrachte oft seine Ferien in der Stadt; auf Schritt und Tritt begegnet man Häusern mit Erinnerungsschildern an die Bücher, die er dort geschrieben hat: *Bleak House* – *Nicholas Nickleby* und *David Copperfield.* Bemerkenswerte Ausnahme: eine kleine hübsche Villa in einer der hinter der Promenade gelegenen Straßen, neben der Tür ein properes Marmorschild, auf dem in zierlichen Buchstaben zu lesen ist: »Charles Dickens lebte nicht hier.« Es schießt den Vogel ab. »Ein altmodisches Seebad«, so beschrieb Charles Dickens Broadstairs, und so ist es heute noch, unverändert und unverdorben.
Hier wurde ich geboren und hier hatte ich lange mein Elternhaus, ein Heim, in dem ich jederzeit willkommen war. Während der beiden Kriege wohnten meine Eltern in der Nähe von London, aber danach ging unser Familienleben am alten Ort weiter. Ich ging im nahegelegenen Ramsgate zur Schule und von Oxford kam ich zu den Ferien nach Broadstairs. Als ich Member of Parliament und später Minister geworden war, konnte ich nur noch selten zu den Weekends nach Hause kommen und als ich im Juli 1965 Parteivorsitzender der Konservativen geworden war, hatte ich natürlich für Familienleben noch weniger Zeit. Fast an jedem Wochenende waren hier und da im Lande Veranstaltungen, an denen ich teilnehmen mußte, oder es waren Reden zu halten. Trotzdem versuchte ich verzweifelt, an jedem Wochenende wenigstens einen Tag für irgendeine Ausspannung freizumachen. Ich wußte, wie man abbaut, wenn

man das nicht tut. Hatte ich doch vier Ministerpräsidenten »leer brennen« sehen, und ich hatte keine Neigung, ihrem Beispiel zu folgen, wenn es soweit wäre.

Mein Doktor und guter Freund, Brian Warren, war erst vor kurzem recht deutlich geworden. Im Januar 1959 hatte ich mir eine böse Hepatitis zugezogen – ich nannte es Gelbsucht. Diese tückische und überaus langwierige Krankheit bescherte mir eine Diät von Zitronensaft am ersten, von Orangensaft am zweiten und Gerstenschleim am dritten Tage, Limonensaft am vierten und am fünften Tag dann den Saft der schwarzen Johannisbeere – an den folgenden zwei Tagen mochte ich nur noch Wasser, und dann ging die elende Routine von vorn los. Es war nicht das Verbot Alkohol zu trinken, das mich ärgerte, denn daraus habe ich mir nie viel gemacht. Es war dieses Schlucken von Säften und Mixturen, das neben anderem so niederziehend war. Immerhin wurde nach sechs Monaten Sekt gestattet, und das Leben sah langsam wieder ein wenig freundlicher aus. Doch hatte ich immer noch über ein Jahr mit den Nachwirkungen zu tun, und man sagte mir, ich müßte meine Arbeitslast verringern, wenn ich keinen Rückfall erleben wollte. Seit 1955 war ich Geschäftsführer der Regierungspartei gewesen, und 1959 wurde ich Arbeitsminister in Harold McMillans Kabinett. Im Juli 1965 wurde ich Lord Privy Seal im Foreign Office.

Der Rat, mit der Arbeit kürzer zu treten, war wohl sehr gut, allerdings leichter gesagt als getan, denn ganz kurz darauf hatte ich die ersten Verhandlungen um den Eintritt Großbritanniens in die EG zu führen. Danach erhielt ich eines der großen Ministerien und wurde Minister für Industrie, Handel und Regionalentwicklung. 1965, in diesem Jahr wurde ich Leiter der Opposition, war ich fast 50 Jahre alt, und wieder wurde mir bedeutet, daß es in diesem Tempo, das ich zwanzig Jahre lang durchgehalten hatte, nicht weitergehen dürfe, wenn ich auch in Zukunft schwere politische Verantwortung tragen wolle. »Seien Sie lieber jetzt vernünftig«, sagte man mir – und so sah ich mich in diesem Frühsommer in Broadstairs danach um, wie ich das werden könnte.

Es war gut, an diesem Wochenende einmal wieder für einen Tag in Broadstairs zu sein und, wie immer, spazierte ich am Steilufer entlang von meinem Hause herunter zur Mole. Es war ein schöner sonniger Nachmittag, und der Kanal war ausnahmsweise friedlich und guter Laune. Die Flut stieg, einige Boote waren an ihren Festmachebojen aufgeschwommen und das Wasser plätscherte leise an ihren Planken. Andere waren schon aufgetakelt, die Großsegel flatterten an den Bäumen, Jollen auf Trailern wurden von der Mole über den Strand zum Wasser herunter gezogen, und ein paar Optimisten versuchten schon, das Beste aus der leichten Brise, die über die Bucht strich, zu machen. Ich schaute auf dieses Treiben, wie ich das schon so oft getan hatte und ging weiter. Als ich mich umdrehte, sah ich etwas mir Neues, eine kleine Bude mit der Aufschrift »Viking Segelschule«. Davor stand ein stämmiger, sonnengebräunter, dunkelhaariger Mann, den ich noch nicht kannte. Als er sah, daß ich mich für seinen Aushang interessierte, wies er darauf und sagte: »Wenn Sie Interesse haben, fangen Sie doch hier an.«

Broadstairs. Auf Seite 12: Anfang des 19. Jahrh. nach einer Zeichnung von Master Hue und (auf dieser Seite) eine zeitgenössische Aufnahme von etwa der gleichen Stelle. Heute liegen Boote der North Foreland-One-Design-Klasse vor der Mole am anderen Ende der Bucht, da wo früher die Fischerboote festmachten.

Als Junge hatte ich mir immer gewünscht zu segeln, aber damals gab es bei weitem nicht so viele Möglichkeiten wie heute. Vor dem zweiten Weltkrieg bestand ein Segelclub in Broadstairs, und die ersten kleinen Boote tauchten im Hafen auf. Die meisten Yachten waren Kabinenkreuzer und Motorboote, mit denen die Leute zum Fischen fuhren. Ein paar Boote gehörten ortsansässigen Fischern, die im Sommer ihr Geld mit Gästefahrten in den Buchten oder heraus zu den Goodwins verdienten und im Winter fischten oder nach ihren Hummerkörben sahen. Das bekannteste dieser Boote war die *Perseverance,* und immer wenn ich gegen das Boot von Sir Max Aitken, das den gleichen Namen trägt, segele, denke ich an sie. Leider wurde sie vor einigen Jahren eines Nachts gestohlen, ein Frachter fand sie draußen treibend, wollte sie einschleppen, aber sie sank, weil er zu schnell schleppte. Die Zahl dieser Bootsleute schwindet dahin, aber sie sind meine Freunde. Einige kenne ich noch von der Schule her, so Jack Croom, dessen Sohn bei Lloyds arbeitet, der aber immer noch gerne hinausfährt, um mit mir vor dem Foreland zu fischen.

Nur wenige Jungen segelten damals Jolle; und ich beneidete sie glühend. Die jungen Leute kamen auch nicht auf den Gedanken, sich zusammenzutun, um eine Jolle zum Regattasegeln zu kaufen. Doch auch das wäre über meine Möglichkeiten gegangen.

Ramsgate bei stürmischem Wind. Nach einem Stich aus dem frühen 19. Jahrhundert.

Wie so viele junge Menschen zu jeder Zeit versuchte ich, meine Sehnsucht zu erfüllen, indem ich unersättlich alle Yachtzeitschriften las, deren ich habhaft werden konnte. Manchmal kaufte ich mir Sonderausgaben, aber meistens verschlang ich sie im Leseraum unserer kleinen Leihbücherei. Als ich aus dem Kriege zurückkam, unterstützte ich die Neugründung des Segelclubs, zu mehr kam ich dann nicht.

Meine größte Freude war, die großen Boote der J-Klasse vom Ufer aus zu sehen, wenn sie in der 30er Jahren zu der Royal-Temple-Yacht-Club-Regatta vor Ramsgate kamen. Damals dauerte die Regattaveranstaltung eine Woche, und die meisten der großen Boote nahmen sie mit, wenn sie vor und nach der Cowes-Week ihr Regattaprogramm entlang der Küste absegelten. Es war ein prachtvolles Bild, wie sie unter vollen Segeln bei frischem Wind um den Ramsgate-Gold-Cup – den Preis der Stadt – segelten. Ich konnte ja noch nicht wissen, daß wir 30 Jahre später, unter gänzlich anderen Verhältnissen, diesen Preis mit der ersten *Morning Cloud* gewinnen würden. Glücklich war ich auch, wenn ich an freien Tagen am Solent sein konnte, auf dem Festland oder auf der Isle of Wight. Überall und ständig waren Boote zu sehen. Viele Stunden streifte ich auch auf der Außenmole und im Innenhafen von Ramsgate umher, oder sah mir die vor Seaview und Bembridge an der Boje liegenden Boote an, hingerissen von dem Treiben, das sich dort abspielte.

Nun bot sich mir hier, auf der Mole von Broadstairs, die Chance, richtig zum Segeln zu kommen. Sollte ich? – Ich hatte die Musik als Erholung, Konzerte, Oper, Klavierspielen, einmal im Jahr dirigieren und Platten hören, doch das war eine geistige Ablenkung. Außer Schwimmen hatte ich keine körperliche Betätigung. Ein paar Jahre vorher hatte ich mit Golfspielen aufgehört, weil die Leute dabei unweigerlich von Politik redeten; es gab kein Loskommen davon. Nicht, daß ich je ein großer Golfer gewesen wäre; in der Gegend, wo ich wohne, gibt es viele Meisterschaftsgolfplätze, da kann ich nicht mithalten und das verursacht mir Hemmungen. Würde ich beim Segeln besser sein? Immerhin würde ich in einem Jahre fünfzig werden. Gordon Knight, der Inhaber der kleinen Bude, legte sich sehr ins Zeug, und ich wurde sogleich

mit ihm handelseinig. Wir fingen an, über Boote und Segeln zu reden. Und so fing alles an.
Wieviel ich vom Segeln verstünde, fragte er ganz vorsichtig. Ich antwortete, ich hätte etwas in kleinen Booten gesegelt, in der Bretagne, als ich bei den Seligmans, Freunden aus der Oxforder Zeit, gewohnt hätte, in einem kleinen Sommerhaus an der Hafenmole von St. Jacut de la Mer. Wir waren mit einer kleinen französischen Jolle, einer Vaurien, herumgesegelt. Einmal hatten wir sogar eine Regatta nach St. Briac durch eine etwas hackige Bretagne-See mitgesegelt, doch konnte ich nicht behaupten, wir hätten dabei gut abgeschnitten. Ja, ich war anfangs der 50er Jahre als Vorschoter gefahren und hatte auch am Ruder gesessen, aber wäre es nicht alles in allem besser, wenn ich ganz von vorn anfinge, und er davon ausginge, daß ich noch nichts wüßte und noch alles neu zu lernen hätte? Gordon Knight war sofort einverstanden. Wir verabredeten, daß ich an jedem Wochenende für einen Tag herüberkommen und daß ich den größeren Teil des August bei ihm segeln würde.
Ich fing auf einem Boot der dort beheimateten Klasse, der Foreland-One-Design-Klasse, an. Ich meine, es gibt für die meisten Anfänger, zumal wenn sie nicht mehr ganz jung sind, keinen besseren Start als auf einem Boot der jeweils örtlichen Klasse anzufangen. Ich weiß jetzt genau, welch enormer Vorteil es ist, wenn man bereits als Teenager oder besser noch früher anfangen kann. Kinder lernen leicht auf einem Boot mit einem Segel, wie auf dem weltweit verbreiteten Optimisten; sind sie etwas älter, können sie auf eine Cadet oder Mirror umsteigen, von denen Zehntausende auf der ganzen Erde schwimmen. Die Boote sind zu einem vernünftigen Preis zu haben, und die Kinder können sich zusammentun und sich zweithand eins kaufen. Mit ein wenig vorbereitender Einführung an einer Segelschule sind ihre Reaktionen fast automatisch und ihre Reflexe sehr schnell. Sie lernen das Kentern und schnelle Aufrichten des Bootes. Ergebnis: Segeln in einem kleinen Boot wird ihnen zur zweiten Natur, sie werden selbstbewußt und selbständig, und sie bekommen den Blick für eine plötzliche Chance beim Wettsegeln, sie gehen 'ran und nehmen sie wahr. Alles und Jedes spricht dafür, mit dem Segeln früh anzufangen.
Die Foreland-Klasse von Broadstairs ist ein schweres Boot, 16 Fuß über alles mit teilweise eingedecktem Vorschiff. Das Boot ist zu schwer, um es auf den Strand zu ziehen und von da loszusegeln, daher liegen die Boote den Sommer über an ihren Bojen. Sie haben drei Mann Besatzung und sind unerhört stabil. Ursprünglich von E. G. Monk 1932 als »Curlew« in Amerika entworfen, wurden die ersten in Essex gebauten Boote der Klasse 1948 nach Broadstairs geliefert. Die Klasse hat sich bewährt. Die Foreland ist ein Boot, auf das man sich wirklich verlassen kann. Dreißig Jahre danach war die Klasse immer noch vierzehn Boote stark. Und darin ist die Foreland-Klasse nicht etwa eine Ausnahme. Viele derartige örtliche Klassen haben ebensolange und länger bestanden. Es ist einer der Vorteile des Regattasegelns in Klassenbooten, daß es, einmal begonnen, solange fortgesetzt werden kann, wie die Boote halten. Sie mögen zwar nicht mehr modern sein und sie sind naturgemäß nicht so schnell wie spätere Konstruktionen, aber man kennt sie, und ihre Eigner schwören auf sie.
Getreu unserer Verabredung fing Gordon Knight am folgenden Wochenende mit mir ganz von vorne an. Als erstes takelten wir auf, schlugen Vor- und Großsegel an und machten sie klar zum Heißen. Ruder und Schwert wurden weggefiert, und wir konnten absegeln. Das war immer ein etwas kitzliges Manöver, die *Flamingo,* so hieß das Boot, erst einmal durch die Reihen der Boote an den Bojen zu bringen. Wir mußten tüchtig absetzen und zum Paddel greifen, um herauszukommen. Es hieß auch, daß wir sicher sein mußten, zum Segelsetzen genügend Leeraum zu haben. Das zumal bei Südostwind, denn wenn wir nicht genügend Raum bis zum Strand hatten, wurden wir unweigerlich breitseits auf den Sand geblasen. Aber meistens schafften wir es gut, von der Boje fortzukommen und mit Hilfe des dritten Mannes, der gewöhnlich vom Segelclub kam, Vor- und Großsegel gleichzeitig zu heißen und ins offene Wasser zu segeln, wo wir mit dem Kreuzen anfangen konnten.
Mit jedem Wochenende wurde ich Schritt für Schritt vertrauter mit dem, was mehr vordergründig zur Handhabung eines kleinen Bootes gehört: das Spielen mit der

Vorschot, wenn ich das Vorsegel zu bedienen hatte oder der Großschot, wenn ich mittschiffs saß; beim Wenden schnell zu arbeiten und das Boot mit dem Körpergewicht aufrecht zu halten. Ich mußte allerhand Anpflaumerei über mich ergehen lassen: so viele Pfunde in einem so kleinen Boot. Ich fand, ich müßte etwas dagegen tun. Nach einigen Wochenenden halsten wir schon – irgendwie ein Manöver mit einer gewissen Ungewißheit für jeden Segler. Unter ungünstigen Umständen kann ein Risiko für kleine Boote darin liegen und auf den größeren eine Gefährdung für die Besatzung.

Dann kam der große Augenblick, ich sollte das Ruder übernehmen. Ich hatte mich nicht danach gedrängt, doch hatte ich mich schon darauf gefreut. Bei den Segeleien in der Bretagne hatte ich gelegentlich am Ruder gesessen und es unendlich genossen, das Boot zu steuern. Nun merkte ich, wie schön es war, das Boot in der Hand zu fühlen und eine Besatzung zu haben, die die Segel nach dem gesteuerten Kurs einstellte. Mehr als das, ich konnte mich auf das Boot konzentrieren, was mir mehr zusagte als nur mit den Schoten zu spielen.

All das waren nun erst die Anfangsgründe. Was die Wochenenden so interessant machte, waren die Regatten der Foreland-Klasse, die wir abwechselnd mit den Segelstunden fuhren. Damals segelte der Club jeden Sonnabend und Sonntag und an zwei Abenden in der Woche Regatten. Gewöhnlich waren sechs oder sieben Klassen am Start und die Forelands waren von allen bei weitem die schwersten Boote. Bei frischem Wind war das ein Vorteil, denn wir segelten ruhiger und zum Mindesten etwas trockner als die verwegenen Sportsfreunde in ihren Hornets und Merlins oder andere, die im Trapez hingen. Bei diesen Regatten sammelte ich erste Erfahrungen mit den Gezeiten und Strömungen an der Küste und begriff, wie überaus wichtig die Kenntnis der örtlichen Verhältnisse für das Segeln in unseren Gewässern ist. Das ist auch einer der Gründe, warum das Segeln für die Zuschauer so schwer zu verstehen ist, es sei denn, sie sehen es im Fernsehen und haben einen Kommentator, der wirklich weiß, worüber er spricht. Wenn ein Boot eine Bahnmarke rundet und auf die nächste zusteuert, dann ist das zu verstehen und erscheint logisch und vernünftig. Wenn aber ein Boot um die Boje geht, nun jedoch auf die Küste zuläuft und so einen Umweg macht, um zur zweiten Boje zu kommen, trotzdem aber früher ankommt als der Konkurrent; das verwirrt, wenn man nicht weiß, daß die Tide unter Land bereits gekentert war und das Boot mitnahm. Bei Broadstairs liegen sieben Buchten hintereinander, in denen wir den Gezeitenstrom benutzen oder ihm aus dem Wege gehen können, je nachdem. Jede dieser Buchten hat ihre »Klamotten«, und Felsenhüpfen ist ein wichtiger Bestandteil des Segelns dort. Dazu ist es nötig, jeden einzelnen Stein unter der Küste zu kennen und darauf gefaßt zu sein, das Schwert blitzschnell hochzunehmen, wenn man sich verschätzt und das Pech hatte, einen zu erwischen. Nicht genug damit, da ist außerdem noch die lange Aufslippbahn, die von der Pier ins Wasser geht, und über die bei Hochwasser zu rutschen sich lohnte, um recht nahe beim Starterhäuschen über die Linie zu gehen und als Sieger abgeschossen zu werden.

Die beiden schwierigsten Probleme für uns, wie für jeden Regattasegler überhaupt, waren einmal das Starten mit Wind und Tide in guter Position, ohne daß ein Konkurrent einen behindern konnte; und zweitens das Abschätzen, wann man über Stag zu gehen hatte, um eine Wendemarke zu bekommen. Beim ersten war man in Versuchung, der Foreland nicht genügend Zeit zu geben, um ausreichende Fahrt aufzunehmen und ein paar Sekunden nach dem Startschuß über die Linie zu gehen; beim zweiten war man leicht versucht, nicht genügend gegen den starken Gezeitenstrom vorzuhalten, der um die Felsen wirbelte. Entweder wendeten wir bei Tide gegenan zu früh und mußten den ganzen Weg zur Boje mühsam aufkreuzen, wobei wir oft nur mit größter Schwierigkeit überhaupt herumkamen; oder, wir hielten bei mitlaufender Tide zu weit heraus und wurden weiter versetzt als nötig war; so übersegelten wir die Bahnmarke und verloren Zeit. Auch heute noch meine ich, dies ist beim Segeln eines der Dinge, die am schwierigsten zu beurteilen und abzuschätzen sind.

Es war ein glücklicher Sommer. Bei den Regatten hatten wir einigen Erfolg, allerdings nicht bei der Royal-Temple-Yacht-Club-Regatta. Ich lernte die für die Handhabung von kleinen Booten grundlegenden Dinge, und das hat mir immer viel genützt. Mein Interesse wuchs, und ich griff mir jedes Buch über Segeln in kleinen Booten, dessen ich habhaft werden konnte und las es, wenn auch vieles, was da geschrieben war, damals keine Bedeutung für mich hatte. Eines begriff ich immer mehr: Das verstandesmäßige Verarbeiten dessen, was Segeln ist, welche Kräfte ein Boot vorwärts bewegen, was sich mit guter Regattataktik erreichen läßt, alles dies bringt geistige Anregung, ist Grundlage für praktisches Handeln und nie versiegende Quelle der Diskussion. Doch können solche Bücher die Erfahrung nicht ersetzen. Ich habe immer gefunden, daß es gut ist, alle die Behauptungen, die die Segelkameraden so von sich geben, in Frage zu stellen – etwa die: »Wenn Du nicht bei einer von drei Regatten auf Grund läufst, hast Du nicht richtig probiert.« Die logische Antwort kann doch nur lauten, daß ein solches Dogma weiter nichts aufzeigt als grobes Nichtkönnen. Nicht anders ist es, wenn man sich diese Frage von der Erfahrung her stellt, denn, ist es einem einmal passiert, dann ist es doch unverzeihlich, daraus nicht zu lernen und sich davor zu hüten, daß es noch einmal dahin kommt.

Auf der »Flamingo«, ein Boot der North Foreland-One-Design-Klasse, an der Boje im Hafen von Broadstairs, hinten im Boot unser Segellehrer, Gordon Knight.

3

Segeln in Broadstairs.
Oben: Die Snipe »Blue Heather« wird nach einer Regatta auf ihrem Platz auf der Pier von Broadstairs abgestellt und abgewaschen, 1967.
Rechts: Auftakeln von Madron Seligmans »Enterprise«, 1968.

SEGELN IN KLEINEN BOOTEN

Es hatte natürlich keinen Sinn, in dieser ersten Saison, meiner »Lehrzeit«, an den Kauf einer eigenen Jolle zu denken. Statt dessen kaufte ich mir ein kleines Speedboot, ein Glastron mit einem 100-PS-Evinrudemotor, das ich *White Heather* taufte. In einigermaßen ruhigem Wasser lief das Boot ungefähr 25 Knoten – vorausgesetzt, sein Boden war rein.
Zu schwer, um auf den Strand gezogen zu werden, mußte das Boot im Hafen an der Boje liegen, und ich lernte sehr bald, wie schnell selbst ein mit Antifouling gestrichener Rumpf den bewußten dunkelgrünen Algenbewuchs »anlocken« kann. Ich fand auch heraus, wieviel schneller das Boot wurde, wenn ich den Boden abgekratzt und kräftig poliert hatte. Manchmal wundern sich die Leute, daß sich die Bootsbesatzungen so viel Arbeit machen, um ihre Boote aus dem Wasser zu nehmen und die Rümpfe zu reinigen und zu polieren, doch wenn man Regatta segelt, kann man es sich nicht leisten, auch nur den Bruchteil eines Knotens zu verlieren durch die Reibung, die entsteht, wenn das Boot mit bewachsenem Kiel oder Rumpf durch das Wasser laufen muß. Ich benutzte das Boot zum Fischen, um Wasserskiläufer zu schleppen und zu Picknicks an der Küste. Wenn wir Regatta segelten, gingen Andere damit raus, als zusätzliches Sicherungsboot für den Club.
Damals entschloß ich mich, für die nächste Regattasaison ein eigenes Boot zu kaufen und ich fing an, mich nach etwas passendem umzusehen. *White Heather* war ein Glasharzboot und außer der Bodenreinigung erforderte es wenig Pflege. Das war ein großer Vorteil vor den Holzbooten, aus denen die Flotte größtenteils bestand.
Ich hatte Glück. Ich hörte, daß ein Clubkamerad seine Snipe verkaufen wollte; das Boot war erst zwei Jahre alt, aus Glasharz und in tadellosem Zustand. Die Snipe ist eine weltweit verbreitete Klasse, 16 Fuß über alles lang, Besatzung zwei Mann; das Boot ist als Allwetterboot bekannt. Zu dieser Zeit gab es 14 Boote dieser Klasse in Broadstairs – dies war das neueste und das einzige Glasharzboot im Club. Mit den Snipes war bei uns immer gutes Regattasegeln gewesen und sie hatten sich in der See, mit der wir es normalerweise zu tun hatten, gut bewährt.
Ich bekam das Boot für £ 200 und bemühte mich, den einen oder anderen Clubkameraden dazu zu bewegen, an den Wochenenden bei mir zu segeln. Das Boot war blau, und ich nannte es *Blue Heather.* Wir segelten es die ganze 1967er Saison. Ich hatte das Boot auf seinem Trailer auf der Mole. Das bedeutete allerhand Schieben und Stoßen, wenn wir es zum Lossegeln über den Strand ans Wasser zerrten, aber so konnten wir ohne Rücksicht auf die Tide jederzeit segeln. Allerdings gab es dabei eine kleine Schwierigkeit, weil wir die Segel noch an Land setzen und dann versuchen mußten, das Boot ins Wasser zu schieben, ohne wieder auf den Strand geblasen zu werden. Dieses Problem brachte mir den ersten Zwischenfall mit der *Blue Heather* ein.
Um sicherzugehen, daß wir wirklich gut frei kämen und vom Südost nicht wieder auf den Strand getrieben würden, segelte ich zunächst in Richtung Mole zwischen den in zwei Reihen liegenden Booten los. Mein Boot nahm sofort Fahrt auf, ich versuchte noch, zwischen zwei Booten zu wenden, aber es ging alles so schnell, daß wir mit dem Bug in die Mole krachten, bevor ich noch etwas unternehmen konnte – zum Erstaunen der vielen Leute auf der Mole, die von oben heruntersahen, und zum Verdruß meines Vorschoters, der voller Zorn schrie: »Ich möchte, verdammt noch mal, endlich einen Skipper, der über Stag gehen kann, bevor er in eine verdammte Riesenpier 'reinballert!«
In diesem Augenblick war ich froh, ein Glasharzboot zu haben. Der Vorsteven hatte den Stoß erstaunlich gut überstanden, nur ein kleines Stückchen war auf der einen Seite ausgebrochen. Kein Grund, die Nachmittagsregatta zu versäumen. Wir nahmen die Segel herunter und paddelten entlang der Mole, hielten uns gut von allem klar und gingen an den Start. Die Reparatur des Stevens bei einer Firma am Ort dauerte nur ein paar Tage und kostete mich etwas mehr als £ 5.
Anfangs fand ich das Boot schwieriger zu segeln als die Foreland. Es reagierte sehr viel schneller auf jede Änderung des Seeganges und des Windes. Eines Sonnabendnachmittags – wir liefen auf die Luvtonne zu und lagen gut im Feld – erwischte uns eine plötzliche Fallbö, die aus einem Einschnitt im Steilufer herunterzischte. Das Boot

schoß vorwärts. Der Vorschoter legte sich weit nach Luv heraus, um das Boot noch aufrecht zu halten. Auch ich ritt, so weit ich konnte, nach Luv aus, es half nichts – das Boot legte sich weiter über. Ich fierte die Großschot nicht schnell genug und schon waren wir gekentert. Das Boot hinter uns, eine Fireball, ging um die Boje und ebenfalls über Kopf.
Da wir wußten, wie leicht man kentern konnte, hatten wir das Aufrichten immer wieder geübt, aber dieses Mal lief allerhand See, und wir merkten, daß wir das Boot nicht wieder hochbekommen konnten. Es richtete sich zwar beim ersten Versuch wieder auf, doch nur, um sofort nach der anderen Seite wieder umzuschlagen. Nun machte ich einen weiteren Fehler. Die Satzungen des Clubs schrieben vor, daß die Mitglieder in See stets eine Schwimmweste einer erprobten Marke tragen sollten. Zwar war ich oft versucht, das bei gutem Wetter zu lassen, trug sie aber doch immer, schon um den jüngeren Clubkameraden ein Beispiel zu geben, daß wir alle uns nach den Bestimmungen zu richten hätten. Ich meinte nun, das Arbeiten im Wasser wäre weniger anstrengend, wenn ich den Knebel zöge und die Schwimmweste sich aufblies. Was ich mir bis dahin noch nicht klargemacht hatte, war, wie schwierig es dann wird, auf eine kieloben treibende Jolle zu klettern. Nutzanwendung: Nie die Schwimmweste aufblasen, bevor es tatsächlich notwendig ist, um oben zu bleiben.
Um diese Zeit lief die Tide schon recht stark und versetzte uns entlang der Küste nach Norden in Richtung Mole und etwas nach draußen. Keines der Sicherungsboote war in Sicht, und wir waren schon mehr als eineinhalb Meilen getrieben, als die *Perseverance* erschien, das Boot auf den Haken nahm und uns aus dem Wasser zog. Der Mast hatte mehrmals an den Boden gestoßen und war bös verbogen, als wir das Boot endlich wieder aufgerichtet hatten. Doch konnte ich bis zum nächsten Morgen einen Ersatzmast bekommen, wir riggten das Boot wieder auf und konnten an diesem Wochenende weitersegeln. Am Schluß der Saison verkaufte ich das Boot für £ 175. Ich hatte, so meine ich, in diesem Sommer sehr viel Freude gehabt, und das für ungefähr £ 30, wahrscheinlich viel weniger, als ich für jeden anderen Sport ausgegeben hätte.
Im Club hatte ein moderneres Boot, die Fireball, Freunde gewonnen. Die Klasse hatte sich schnell verbreitet, namentlich in Amerika, Australien und einigen europäischen Ländern. Eben über 16 Fuß lang, ist es ein etwas flachbodiges Boot, mit außergewöhnlich guten Gleiteigenschaften. Es ist aufregend zu segeln und verlangt sehr viel Können. Ein paar unternehmungslustige Geister hatten sich mit Selbstbaukästen an Eigenbauten gemacht. Mancher Skeptiker hatte Bedenken, ob die Boote dem gewachsen sein würden, was sie an unserer Ecke der Küste einstecken mußten, sie waren aber im Großen und Ganzen gut durchgekommen. Ein paar Ruder waren auf Drift gegangen, der eine oder andere Großbaum war gebrochen, doch hatten sie sich, dazu hatten sich nun auch die Skeptiker durchgerungen, gut gemacht. Eine Reihe von Clubkameraden wechselten zu der Klasse über, und ich entschloß mich ebenfalls dazu.

Auftakeln der Snipe in Broadstairs, 1967. Im Hintergrund werden Fireballs auf den Strand geholt. »Blue Heather II« wurde dann eine Fireball, ein rassiges und aufregendes Boot.

Die Fireball »Blue Heather II« bei einer Regatta vor Broadstairs, 1968. Ein praktisches und hübsches Boot, das gut ins Gleiten kam; es verlangte Gefühl und Können, vor allem bei böigem Wetter.

Dieses Mal wollte ich ein neues Boot und wandte mich an Jack Chippendale in Fareham bei Portsmouth, der eine Lizenz für den Bau von Fireballs hatte, und besprach die Sache mit ihm. Auf der Bootsausstellung 1968 wurden wir handelseinig, und er baute mir ein Boot, das eine Augenweide und eine Freude zu segeln war. Ein Glasharzrumpf und ein poliertes Holzdeck ergaben die richtige Materialkombination für ein praktisches und hübsches Boot. Als es fertig war, holte ich es selbst ab und trailerte es längs der Südküste nach Broadstairs, wo es *Blue Heather II* und für viele Augen ein Gegenstand des Neides wurde.
In vielerlei Hinsicht war unser Segeln in diesem Sommer das Erfreulichste, was ich überhaupt in kleinen Booten erlebt hatte. Auch bei der leichtesten Brise konnte man das Boot mit Gefühl zum Laufen bringen. Das mir bei meinem Besuch in Australien im August verehrte Stell Segel half dabei enorm. Bei gutem Wind schäumte das Boot nur so dahin, dann kam es mehr als andere darauf an, es im Gleichgewicht zu halten. Der Vorschoter, der immer noch treu mit mir segelte, stieg ins Trapez, und mit stetigem Wind ging es wunderbar.
Zu dieser Zeit etwa sagte man mir, es bestehe Anlaß zu der Annahme, daß ein Attentat auf mich geplant sei. Unmittelbar vor meiner Abreise zum Weekend nach Broadstairs wurde mir zu meinem Schutz ein Sicherheitsbeamter zugeteilt. Als ich am Sonnabend zur Mole herunterkam, um *Blue Heather II* für die Regatta aufzutakeln, zeigte es sich, daß er nicht genügend Zeit gehabt hatte, sich so auszustatten, daß er als echtes Mitglied der Seglergilde gelten konnte. Wirklich, er fiel zwischen den Feriengästen am Strand ziemlich auf. Es war auch offensichtlich, daß er sich sorgenvolle Gedanken darüber machte, wie er eigentlich seinen Auftrag, mich zu schützen, ausführen sollte, wenn ich in der Fireball saß. Dieses Problem löste ich, indem ich einen Clubkameraden bat, mit meinem Motorboot *White Heather* die Regatta zu begleiten und schlug dem Beamten vor, bei ihm mitzufahren. Nachdem das erledigt war, konnte ich mich um meine Angelegenheiten kümmern.
Erst zwei Stunden später, als wir an die Ziellinie kamen, sah ich, was los war. Die Fotografen, die wie immer in der Nähe des Ziels auf der Mole waren, hatten diese ungewöhnliche Gestalt auf der *White Heather* entdeckt, hatten kombiniert und sich ihren Vers gemacht. Sie hatten ein Fischerboot gemietet und fuhren vor uns her – offenbar mit einer ganz bestimmten Absicht. Als ich schnell einmal hinschaute, sah ich blitzartig, was anlag. Sie versuchten, *Blue Heather II* mit mir am Ruder zusammen mit *White Heather* hinter uns mit ihrem außergewöhnlichen Passagier auf ein Bild zu kriegen – und das sollte *das* Wochenendbild für die Presse werden. Es gelang ihnen. Am Montag morgen erschien es mit der Story in den meisten Zeitungen.
Als ich meinen großartigen Schutzengel später am Tage traf, fragte ich ihn, ob er einen seiner Kollegen gesehen hätte, nachdem er herausgefahren sei. »Ja«, antwortete er etwas betrübt, »und jeder einzelne von ihnen rief mit zu: ›Fahren Sie hinter dieser verdammten Jolle her, – aber fix!‹.« Später, als ich Premierminister geworden war, lernten es die für meinen Schutz Verantwortlichen, mit mehr Vorbereitungszeit und mit der Erfahrung, unauffällig im Bild aufzugehen, sei es als Mitsegler oder, wenn ich dirigierte, als Musikbeflissene – für sie etwas ganz neues und ungewohntes. Sie sagten mir, so ein Rollenwechsel machte ihnen Spaß – niemand konnte ihnen das besser verschaffen als ich. Und sie machten ihre Sache gut.

BLUE
HEATH
B.S.C.

BLUE
HEATHER
B.S.C.

Als die Saison zu Ende war, ließ ich mir die Dinge durch den Kopf gehen. Das Segeln in der Fireball hatte mir viel Freude gebracht, doch mußten wegen des Wetters zu oft Regatten abgeblasen werden, oder war es nicht möglich zu segeln. Für die Ortsansässigen spielte das keine besondere Rolle, für mich lag das anders. War es mir in einem immer hektischer werdenden politischen Leben geglückt, einen Tag zur Erholung und Entspannung freizumachen, dann war es doch sehr enttäuschend, einen solchen Tag zu verlieren, besonders auch, weil es für mich 150 Meilen im Auto bedeutete. Außerdem wollte mein Mitsegler heiraten und fortziehen. So meinte ich, es sei besser, mich nach etwas Größerem umzusehen, damit ich ohne Rücksicht auf das Wetter segeln könnte, wenn ich es mir vorgenommen hatte.

Ich bedauerte das in mancherlei Hinsicht. Nun gab es aber in unserem kleinen Hafen keinen Dauerliegeplatz für größere Boote und so hieß es anderswo hingehen. Ich würde den Club und die gute Kameradschaft vermissen. Klein – in einem von der Gemeindeverwaltung gemieteten früheren Kaffee als Clubheim – und ganz auf sich selbst angewiesen, hielt sich der Club nur deshalb am Leben, weil viele seiner Mitglieder bereit waren einzuspringen, an der Bar bedienten, Regatten organisierten und Clubveranstaltungen aufzogen. Der Beitrag mußte niedrig gehalten werden, damit auch die jungen Leute es sich leisten konnten beizutreten; die Verwaltungsstellen waren offenbar nicht so verständnisvoll und wohlwollend, wie man es sich gewünscht hätte; so mußte sich der Club bemühen, auf andere Weise, etwa durch Segelunterricht, zu seinem Geld zu kommen.

Insofern war es bei uns nicht anders als bei den Hunderten von Clubs überall im Lande, die für die Segelbegeisterten da waren und von ihnen unterhalten wurden. Das Schöne war, daß man sich nach der Regatta unter einem Dach zu einem Glas Bier traf und das Geschehene durchhechelte – was schief gegangen war, oder auch wohl mal gut gelaufen –; die Diskussion über alles, was mit Segeln in kleinen Booten zu tun hatte, riß nicht ab. Für mich ist gerade das beim Segeln immer besonders erfreulich gewesen. In dieser Hinsicht haben die örtlichen Clubs einen unvergleichlichen Vorteil. In Burnham-on Crouch an der Ostküste ist es nicht anders. Hingegen endet das Segeln auf dem Solent eigentlich immer damit, daß alles auseinanderläuft. Nach dem Passieren der Ziellinie gehen alle Boote ihrer Wege, nach Lymington, Hamble oder Gosport; nur wenige Besatzungen kommen in Cowes noch zu einem guten Garn zusammen, das den Tag abschließt und das Ganze so viel netter abrundet. Es ist ein Jammer, daß es hieran auf dem Solent mangelt, wo es doch sonst alles gibt, was das Herz begehrt.

Regatten mit der Snipe, Broadstairs, 1967.

4

DIE ERSTE MORNING CLOUD

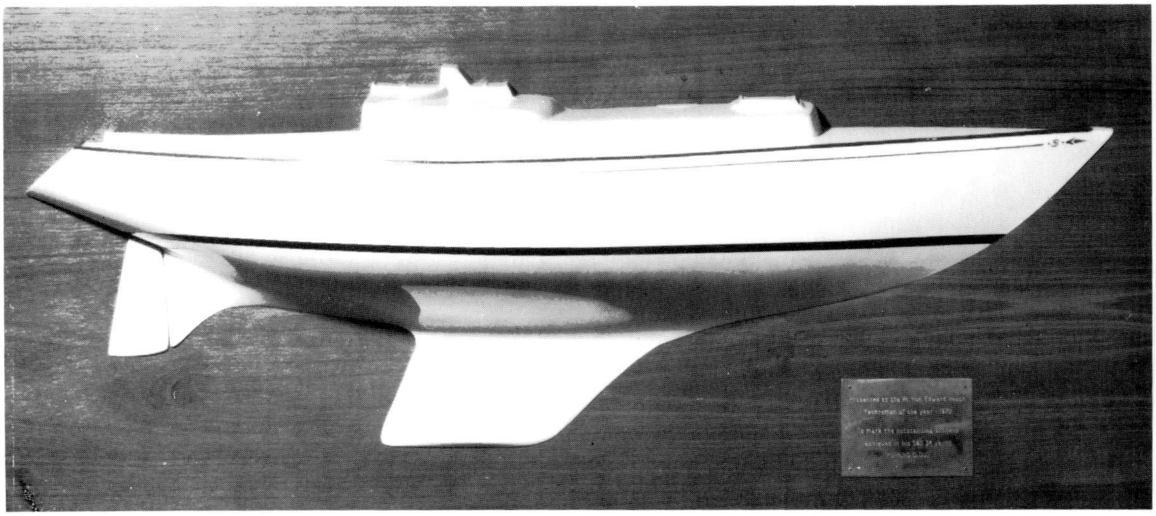

Auf Seite 28: Bootsausstellung 1969. Oben: das Halbmodell der ersten »Morning Cloud«, ein neuer Entwurf von Sparkman & Stephens, New York, der auf der Bootsausstellung gezeigt wurde.

Im Januar 1969 ging ich zur Bootsausstellung.
Ich hatte *Blue Heather* verkauft und ungefähr so viel dafür bekommen, wie ich bezahlt hatte. Es brach mir fast das Herz, als ich mich von ihr trennen mußte; sie war so schön gebaut und so hübsch anzusehen. Ich brachte die Fireball zu Jack Chippendale zurück und übergab sie ihm für den neuen Eigner.
Als ich auf die Bootsausstellung kam, hatte ich noch keine klare Vorstellung davon, was ich eigentlich wollte. Mit Rücksicht auf die unvermeidliche Publicity mußte ich mir auf jedem Stand alles genau ansehen, damit es nicht hieß, ich sei hinter einem bestimmten Boot her; die Presse hätte dann unweigerlich geschrieben, ich stände im Begriff, ein wohlbetuchter Yachteigner zu werden.
Zu jener Zeit hatte ich durchaus noch nicht die Absicht, Hochseeregatten zu segeln, von denen ich kaum etwas wußte. Mein Interesse war allerdings während der vorhergehenden Segelsaison durch Einladungen zum Mitsegeln auf einigen größeren Booten geweckt worden. Der erste, der mir vorschlug, ich sollte mal einen Tag nicht Jolle segeln, war Morgan Giles, ein Kollege im House of Commons, der damals eine der ersten größeren Glasharzyachten hatte, die *Meridian.* Er lud mich zum jährlichen stattfindenden »Round the Island Race« ein, das früh am Morgen in Cowes gestartet wird und nach Westen rund um die Isle of Wight zurück zum Ziel vor Cowes läuft.
Ich nahm gerne an, fragte mich jedoch ein wenig besorgt, was man wohl von mir erwartete. Dieses Gefühl verstärkte sich, als ich an Bord kam und sah, daß die ganze übrige Crew, ebenso wie mein Gastgeber, Admirale waren. Wir starteten bei sehr leichtem Wind, und es war kaum etwas zu tun, außer den Solent herunterzutreiben. Sehr bald zeigte sich, wie schwierig es bei einer Crew aus so hohen Würdenträgern ist, sich untereinander eindeutig zu verständigen und einen Prozeß der Entschlußfindung in Gang zu setzen. Endlich wurde beschlossen, wir wollten in die auf der Inselseite gelegene Gurnard Bay halten, um dort Seewind zu finden. Der Steuermann steuerte das Boot behutsam in die Bucht, nur um zu entdecken, daß dort kein Seewind stand. So mußten wir ansehen, wie der Rest der Feldes an uns vorbei zu den Needles heruntertrieb. Als wir es glücklich geschafft hatten, wieder aus der Bucht herauszukommen, waren wir beinahe das letzte Boot, nur die *Marabu* war noch hinter uns, ein großer nach dem zweiten Weltkrieg von der deutschen Marine übernommener Seekreuzer, der nun mit einer Besatzung von der Königlichen Marinewerft in Portsmouth für die Royal Navy fuhr.
Unsere Admiralsbesatzung entschied nun, auf die andere, die Festlandseite zu halten. Hier hatten wir besseren Erfolg und fingen an voranzukommen, besonders als wir unseren Hubkiel hochnahmen, als wir auf flacheres Wasser kamen. *Marabu,* die uns scharf beobachtete, entschloß sich, unserem Beispiel zu folgen. Oweh! Sie wußten nicht, daß wir einen Hubkiel hatten und plötzlich sahen wir sie hart auf Grund laufen. Das letzte, was ich von dem gestrandeten Boot sah, war ein weiterer Admiral,

der achtern auf einem breiten Korbstuhl saß und die sehr zahlreiche Crew tatkräftig anfeuerte, auf der Leeseite auf- und niederzuhopsen und so zu versuchen, das Boot wieder flott zu bekommen, ein Unterfangen, das, wie man schon sehen konnte, mit höchster Wahrscheinlichkeit zum Scheitern verurteilt war.
Wie so oft bei diesem Race, als wir erst einmal um die Needles herum waren, kam ein bißchen achterlicher Wind auf. Zum ersten Male sah ich jenes hinreißende Bild; mehr als 500 Boote, die über das ruhige Wasser segelten, alle mit ihren farbenfrohen Spinnakern vor einem hellblauen wolkenlosen Himmel. Ich kann mich nicht erinnern, irgendwo sonst auf der Welt etwas vergleichbares gesehen zu haben, nicht einmal in Australien vor Sydney.
Als Richard Sharples, ebenfalls ein Abgeordneter, hörte, daß ich »Round the Island« mitgesegelt hatte, nahm er mich zu einer Regatta vor Southsea in der Nähe von Portsmouth auf seiner *Excalibur* mit, auch einem großen Glasharzboot. Beim Start kamen uns – ich erlebte das zum ersten Male – die Boote der Fotografen ins Gehege. Richard saß selbst am Ruder und hätte um ein Haar ein kleines Boot voll mit Kameraleuten sauber in zwei Hälften getrennt. Offenbar die einzige Methode, sie davon abzubringen, unter unserem Vorsteven zu stoppen oder sich uns beim Wenden in den Weg zu legen. Ich habe die Erfahrung gemacht, daß die Fotografen, die sich auf Regattabilder spezialisiert haben, sehr wohl wissen, wo sie sich aufhalten können, ohne die Boote zu stören, namentlich bei leichtem Wind. Andere, die nur einmal von ihrem Blatt losgeschickt werden, weil Interesse an einem bestimmten Boot oder an einer bestimmten Besatzung besteht, zeigen, daß sie keinen Schimmer davon haben, wie sehr sie die Konzentration der Crew auf den Yachten über den Haufen werfen können und wie sehr sie, bei leichtem Wind, das Boot regelrecht behindern. »Die See gehört allen«, denken sie, »und deshalb kann doch jeder fahren, wo es ihm beliebt.«
Auf allen meinen *Morning Cloud's* war eiserne Regel, gleichgültig was passierte, absolutes Stillschweigen zu bewahren. Nichts macht uns mehr Vergnügen, als wenn diesen Leuten von einem Nachbarboot klar und deutlich gesagt wird, wohin sie sich zu scheren haben mit Worten, die ihre Wirkung selten verfehlen. An Land nachher, mit dem Glas in der Hand frage ich die Fotoleute gelegentlich, was wohl geschehen würde, wenn sie zu einem Leichtathletikkampf gingen, Spikes anzögen und rückwärts vor den Läufern auf der Aschenbahn entlang trabten, um sie beim Kampf von vorn und aus der Nähe aufs Bild zu bekommen. Blödsinn natürlich; aber genau das widerfährt uns Regattaseglern ungezählte Male. Vielleicht hilft ein solcher drastischer Vergleich unseren knipsenden Freunden, das nicht zu vergessen. Und sich auch klarzumachen, daß sie bei leichtem Wind mit den Fahrtwellen ihres Bootes unser letztes bischen Fahrt abwürgen können und das Boot dann tot wie ein Stück Holz im Wasser liegt.
Mit Richard Sharples und seiner Familie bildete sich eine schöne Seglerfreundschaft heraus. 1972 ernannte ihn die Königin auf meinen Vorschlag hin zum Gouverneur von Bermuda, wo er außerordentlich erfolgreich war. Es war ein furchtbarer Schlag für mich und ein Verlust für die ganze Nation, als er wenige Monate nach seinem Amtsantritt einem Mordanschlag zum Opfer fiel, auf jenen Inseln, die jeder Segler kennt und die so manches gute Team für den Admiralscup und zu anderen großen Wettbewerben gestellt haben.
Mein erstes Hochseerennen segelte ich auf der *Clarion of Wight* von Maurice Laing. Das Boot hatte einmal das Fastnet-Rennen gewonnen. Als Laing hörte, daß ich auf größeren Booten gesegelt hatte, lud er mich sehr liebenswürdig ein, bei ihm eine Seeregatta mitzusegeln. Er meinte, so schrieb er, das Rennen Cowes-Dinard würde mir wahrscheinlich als erster Versuch am meisten Freude machen. Ich nahm die Einladung an. Die Nacht vor dem Race blieben wir in Southhampton, und am frühen Morgen fuhren wir nach Cowes herüber, wo die Crew bereits an Bord war.
Wiederum war ausgesprochen wenig Wind. Dieses Mal starteten wir nach Osten, dann mußten wir die Forts vor Portsmouth passieren, die mir später so vertraut werden sollten; von dort führte der Kurs zum Nab-Tower, bevor es zur französischen Küste hinüber ging. Nach einiger Zeit übergab man mir das Ruder, und mit einem sehr leichten Vorsegel brachten wir das Boot in Gang. Zu allgemeinem Erstaunen über-

holte ich ein anderes Boot in Lee, noch bevor wir den Nab-Tower rundeten, und ich fing an, mit mir durchaus zufrieden zu sein.
Die *Clarion* war innen gut eingerichtet, und ich bekam achtern eine gemütliche Koje. Zum Abendessen wurden leckere Steaks serviert, dazu vorzüglicher Claret. Mein Wohlbehagen wuchs. Als ich zur Vier-Acht-Wache nach oben kam, wehte es immer noch nur leicht, doch kamen wir recht gut voran. Die Wache war halb herum, und jemand sagte: »Wir wollen mal ein paar Angeln ausbringen und Makrelen zum Frühstück fangen.« Frisch gebraten lassen sie einem das Wasser im Mund zusammenlaufen.
Im Laufe des Sonnabend legte der Wind zu und spät am Abend segelten wir endlich über die Ziellinie vor Dinard und gingen in den Hafen von St. Malo. Im Hafen mochten wir nicht an Bord bleiben; ab ging es in ein behagliches französisches Hotel, in dem die Crew der *Morning Cloud* und ich später nach jedem Race abstiegen. Am nächsten Morgen bot der Hafen von St. Malo ein wunderschönes Bild mit all den vielen Yachten; die meisten hatten ihre Spinnaker zum Trocknen aufgeheißt. An Land drängten sich Familien und Badegäste auf ihrem Morgenspaziergang. – Ein Bild voller Licht und Farbe vor dem Hintergrund der grauen Mauern der alten Seefestung.
»Wenn Seeregattasegeln so ist«, sagte ich zu mir, »dann ist das das Richtige für mich!« – Aber so schön ist es später nie wieder gewesen. Das Cowes-Dinard wird bei uns immer zu den Regatten zählen, die uns am meisten Freude bringen, und das sicherlich großenteils deshalb, weil Start und Ziel nicht nur in verschiedenen Häfen, sondern auch in verschiedenen Ländern liegen. Bei fast allen anderen Regatten, selbst wenn sie irgendwo an der französischen Küste entlangführen, liegen Start und Ziel örtlich nahe beieinander.
Später, auf den *Morning Clouds* sollte sich bei den Cowes-Dinard-Rennen für uns eine Tradition herausbilden: in St. Malo noch rechtzeitig für ein spätes Abendessen im Duchess Ann einlaufen; am Sonntag morgen hinüber über die Bucht nach Dinard zum Lunch im Hotel Printania, das sich bis in den Nachmittag hinzuziehen pflegte; danach herüber zum Yachtclub zum üblichen Champagner und zur Preisverteilung.
Dreimal sollten wir mit einer *Morning Cloud* den Klassenpreis gewinnen, doch langte es niemals zum Gesamtsieg im Cowes-Dinard. 1973, mit der dritten *Morning Cloud,* dachten wir, wir hätten es endlich geschafft. *Quailo,* ein anderes Boot des britischen Admirals-Cup-Teams 1973, war unser schärfster Konkurrent gewesen, und als wir über die Ziellinie gingen, war sie schon eingelaufen. Man stelle sich unsere Wonne vor, als Anthony Churchill, mein Navigator, ausrechnete, daß wir nach berechneter Zeit 2½ Minuten vor ihr lagen. Gleich nach dem Einlaufen zogen wie uns um und gingen zum Duchess Ann, um dort die Crew der *Quailo* zu finden, die das feierten, was sie für ihren Sieg hielten. Nachdem wir ihnen so schonend wie wir konnten, die wirklichen Zeiten beigebracht hatten, ließen wir eine etwas niedergeschlagene Tafelrunde zurück, um unsererseits zu feiern. Glücklich und zufrieden ging ich zu Bett, doch – o Schreck –, am nächsten Morgen wurde ich mit der Nachricht geweckt, daß ein kleines französisches Boot eben vor dem Frühstück eingelaufen sei und uns beide um Längen geschlagen habe. Es ist nicht zu glauben, was diese Franzosen mit ganz kleinen Seekreuzern aufstellen können.
Doch zurück zur Bootsausstellung 1969. Bei meinem Rundgang fielen mir zwei Boote auf, von denen ich glaubte, daß sie das Richtige für mich wären. Das eine, ein französisches Boot, hatte eine Länge über alles von 31 Fuß, hübsche Linien und war gut eingerichtet. Es hatte sich bereits auf Regatten bewährt. Das andere war ein neuer Entwurf von Sparkman & Stephens, New York. Annähernd 34 Fuß über alles, war es aus Glasharz erbaut, und seine Linien taten es mir ausgesprochen an. »Solche Linien«, dachte ich bei mir, »werden sicher wohl auch gute Leistungen bringen.« Ich ging noch nicht an Bord, konnte es aber so einrichten, später in der Woche noch einmal unauffällig zu dem Stand zu gehen, um mir das Boot alleine in aller Ruhe anzusehen.
Ich hatte niemanden, der mich beraten konnte, aber als ich die S & S 34, so die Typbezeichnung, beim zweiten Mal sah, hatte ich das lebhafte Gefühl, hier das richtige Boot für mich gefunden zu haben. Im Inneren fand ich das Boot gut und bequem

eingerichtet, sechs Kojen, davon zwei in der Vorpiek, eine ausreichend große Kombüse und ein hinreichender Kartentisch. Der abgeschlossene Wasch- und Toilettenraum lag eben Vorkante des Mastes, und mittschiffs im Salon war ein Eßtisch. Die seitlichen Kojen des Salons konnten in Sitze umgewandelt werden, die gut gepolstert und mit einem widerstandsfähigen Vinylmaterial bezogen waren. Im Inneren war viel Teakholz verarbeitet, nicht nur bei Möbeln und Verschalungen, auch der Fußboden war Teak. Das gab den Eindruck von Solidität und Wohlbehagen.

Später, als wir ernsthaft Regatta zu segeln begannen, sollte dies zum Gegenstand nicht enden wollender Diskussion unter der Crew werden, besonders das Holzwerk, der Tisch und die Polsterung der Kojen. Was das alles wohl wöge?, fragten sie immer wieder. Wie konnte man sich auf Leistungssport konzentrieren, wenn man in solch einer Behaglichkeit lebte? Damals erschien mir das alles doch recht erstrebenswert. Da war mit nichts geknausert, aber auch kein übertriebener Aufwand. Mir wollte es nur vernünftig erscheinen, wenn das Boot in dieser Weise ausgestattet war. Wir werden sehen, daß sich meine Ansicht später änderte, und die erste *Morning Cloud* ist das einzige Boot, auf dem wir jemals das hatten, was für viele Leute das Mindestmaß an notwendigem Komfort ist.

Olin Stephens (links), der Konstrukteur der ersten »Morning Cloud«, eines Serienbootes, das auf der Werft von Michael Winfield am Medway erbaut wurde.

Ich saß noch auf diesen bequemen Polstern unten im Boot, und überlegte, ob ich es kaufen sollte, da kam eine zierliche Gestalt mit einer Brille auf der Nase den Niedergang herunter. Der Verkäufer stellte ihn mir als den Konstrukteur des Bootes vor, Olin Stephens, ein berühmter Name, von dem ich freilich zu der Zeit nur wenig wußte. Wir wechselten ein paar Worte, und dann sagte er, er müsse jetzt gehen, um sein Flugzeug zu bekommen. Ich fragte ihn nach der neuen S & S 34. Ja, es wäre wohl ein gutes Boot, meinte er. Ja, er dächte schon, daß es voraussichtlich gute Leistungen bringen würde. Ja, wenn ich erst eines hätte, könnte er sich vorstellen, ich würde es wahrscheinlich zufriedenstellend finden. Damit verschwand er. So begann eine Bekanntschaft, die zu einer Zusammenarbeit wurde und jetzt eine enge Freundschaft ist zwischen Olin Stephens, einem der größten und erfolgreichsten Yachtkonstrukteure der Welt, und mir. Er zeichnete für alle vier *Morning Clouds* verantwortlich.

Jenes erste Zusammentreffen gab mir den Schlüssel zu seinem Charakter. Ruhig, bescheiden, anspruchslos, fast schüchtern, gab er keine großsprecherischen Behauptungen über seinen neuen Entwurf von sich; im Gegenteil, was er über sein Boot sagte, grenzte an Understatement. Ein sanfter Verkaufstrick? Nein, den Eindruck hatte ich damals schon nicht und nun, nachdem ich ihn so viele Jahre kenne, bin ich sicher, daß dies der wahre Charakter dieses Mannes ist.

Wie oft hat man mich gefragt, wie *Morning Cloud* zu ihrem Namen gekommen ist! Tatsächlich stand der Name bereits auf dem Spiegel, als ich das Boot zum ersten Male sah, allerdings in einem Wort – *Morningcloud.* Der Name stammte von der *Morningtown,* einem sehr erfolgreichen Eintonner, der ebenfalls von Olin Stephens entworfen war und Mike Winfield gehörte, dem Erbauer der neuen 34-Fuß-Boote. Der Name kam von einem damals beliebten Schlager her, und Mike hatte beschlossen, diese Linie fortzusetzen. So ging es dann weiter mit *Morning After,* – die bald unser schärfster Konkurrent werden sollte – *Morning Glory, Morning Haze, Morning Melody, Morning Flame* und andere. Sogar *Morning All* wurde vorgeschlagen, doch konnten wir durch einen Akt von Gedankenübertragung noch die Schlußlinie ziehen, bevor es dazu kam!

Für mich gab es keinen Sinn, den Namen in einem Wort zu schreiben. So machte ich zwei Wörter daraus.

Soviel zur Entstehungsgeschichte von *Morning Cloud.* Durch alle unsere Höhepunkte und Tiefs wurde es wohl einer der meist bekannten Namen der Segelei, ein der ganzen Welt vertrautes Wort. Die bezauberndste Auslegung erlebte ich in Hongkong, als ich nach dem Sieg im Sydney-Hobart-Rennen dort hinkam. Die chinesischen Zeitungen begrüßten mich mit dem für sie so charakteristischen poetischen Einfallsreichtum durch flammende Überschriften, die in Übersetzung lauteten: »Der Mann, der von der Morgenwolke herabkam.« – Ich habe meine Boote nie numeriert. Jedes von ihnen war schlicht *Morning Cloud.*

5

»Morning Cloud« bei einer Regatta auf dem Solent, 1969.

EIN GUTER REGATTA SOMMER

Beim dritten Versuch trifft die Flasche den Vorsteven der ersten »Morning Cloud« bei ihrem Stapellauf auf dem Medway, April 1969.

Morning Cloud lief am 12. April 1969 bei ihrer Bauwerft in Upnor am Medway von Stapel. Bei den beiden ersten Versuchen prallte die Sektflasche vom Vorsteven ab, erst mit dem dritten Wurf schaffte es meine Stiefmutter, die Flasche zu zerschellen. Auf diesem Spezialgebiet beim Stapellauf ist einem der Erfolg nur sicher, wenn man die Flasche fest in beide Hände nimmt, die eine Hand am Flaschenhals, die andere am Boden, und sie dann so kräftig wie man nur kann, auf das Ziel schleudert! Das Boot schwamm wunderbar im Gleichgewicht auf dem Wasser; es war eine Augenweide. Nach der obligaten Taufparty segelten wir mit einer guten Brise den Medway herunter. Ich nahm das Ruder und fühlte mich sofort auf dem Boot heimisch. Dieses Mal war das Rudel der Presseleute und Fotografen weit größer als wir sie jemals um unsere Jollen herumwimmelnd gehabt hatten. Als das Boot sich bei mehr als 20 Knoten Wind (5 Bft) überlegte, erregten am nächsten Tage die davon in der Presse erscheinenden Bilder einige Unruhe bei Wohlgesonnenen, die an die allgemeinen Wahlen von 1970 dachten. Ihnen erschien dies eine etwas gewagte Wochenendbetätigung. Der größere Teil der Besatzung bestand aus Leuten, die etwas mit der Bauwerft zu tun hatten. Am folgenden Tage, einem Sonntag, gingen wir mit dem Boot nach draußen, um etwas zu trimmen. Das ist, wie ich im Laufe der Zeit immer deutlicher erkannte, eine Kunst, bei der es auf Gefühl ankommt. Je größer und komplizierter die einander folgenden *Morning Clouds* wurden, desto mehr verschiedenartige Teile mußten einreguliert und miteinander abgestimmt werden.

Da ist zunächst das Problem, den Mast haarscharf in die richtige Stellung zu bringen, sicherzustellen, daß er gerade ist und nicht durch die verschiedenen auf ihn wirkenden Zugbeanspruchungen verformt wird. Er muß genau den richtigen Fall haben, damit die Segel gut stehen können. Auch das Vor- und Achterstag müssen eingestellt werden. Das Vorstag muß straff sein, so daß es nicht durchbiegt und damit das Vorliek des Vorsegels gekrümmt wird, vielmehr muß es steif sein und dem Vorsegel bei allen Schotstellungen eine feste Stütze geben. Das Achterstag kann mittels mannigfacher Vorrichtungen auf einen Zug von mehreren Tausend Pfund gebracht werden, entweder durch eine einfache handbetätigte Spannschraube, oder durch eine hydraulische Pumpe, die meistens ebenfalls mit der Hand betätigt wird. Dadurch wird der Mast in seinem oberen Teil nach hinten gezogen, so daß die Segel schärfer geschotet werden können und damit flacher stehen, wenn man am Wind segelt. Alle diese Vorrichtungen können gelockert werden. Der Mast schnellt dann wieder nach vorn, wenn das Boot vor dem Wind läuft, unter Spinnaker oder nur einem Vorsegel.

Auch die Wanten, die den Mast seitlich in seiner Lage halten, müssen einreguliert werden, und so gibt es unzählige weitere Einzelheiten, die besorgt sein wollen.
Und dann die Kardinalfrage nach dem Ballast. Reicht das Bleigewicht im Kiel nicht aus, um dem Boot das richtige aufrichtende Moment zu geben, kann zusätzliches Blei als Innenballast in die Bilgen gelegt werden. Auf den beiden letzten *Morning Clouds* ließen wir zwei quadratische Durchbrüche durch den Kiel legen, der eine vorn, der andere hinten, die mit Füllstücken ausgefüttert waren. Dann konnten wir das eine oder beide herausschlagen und dafür Bleiblöcke einsetzen, wenn wir mehr Gewicht im Kiel haben wollten. Auf diese Weise konnten wir ein zusätzliches Gewicht bis zu 100 Pfund einbringen. Schließlich ist da noch die Frage nach der Güte der Segel, wenn sie erstmalig gesetzt werden. Jeder Segelmacher hat sein eigenes Schnittmuster, und wenn auch die meisten von ihnen die Möglichkeit haben, die Segel an einem Testmast zu setzen, wenn sie zugeschnitten sind, so ist es doch niemals möglich, im Vornherein zu sagen, wie gut sie sein werden, bevor sie nicht auf dem Boot wirklich zum Tragen gebracht werden. Erst dann ist zu sehen, ob sie richtig geschnitten sind und ob sie zueinander passen.
Alle diese mannigfachen Faktoren beeinflussen die Leistungen und die Geschwindigkeit außerordentlich. Im Idealfall würden wir immer nur eine Sache zur Zeit einstellen, sie dann unter unterschiedlichen Wind- und Seeverhältnissen erproben, die Begleitumstände und die Ergebnisse sorgfältig notieren und dann entscheiden, ob eine Verbesserung eingetreten ist oder nicht. Aber allzuoft reicht die Zeit dazu nicht aus, und das »Stimmen« eines Bootes wird in hohem Maße eine Angelegenheit richtiger Beurteilung und der Erfahrung.
Bei diesem ersten Probeschlag hörte ich, daß der beste Mann dafür, den es in England gäbe, an diesem Tage herüberkommen würde, um auf *Morning Cloud* mitzusegeln und ihr den ersten Trimm zu geben. Es war das erste Mal, daß ich mit Owen Parker zusammenkam. Keine Frage, er wurde seinem Ruf gerecht und er ist seitdem aus dem Leben aller meiner *Morning Clouds* nicht mehr fortzudenken. Er ging mit großem Elan an das Eintrimmen und enterte selber in den Mast, um alles zu überprüfen, kam wieder herunter, änderte die Mastneigung, machte sich daran, die Wanten einzustellen und wandte sich danach dem Achterstag zu. Nach dem Ablegen nahm er sich die Segel vor und trimmte das Boot vorläufig aus. Für mich war es höchst fesselnd, ihm bei seiner Arbeit zuzusehen. Wenn jemand etwas vom Eintrimmen eines Bootes versteht und davon, es im Trimm zu halten, dann ist er es.
Wir wurden nun für den Regattasommer klar. Viele von denen, die am Bau des Bootes beteiligt gewesen waren, stammten von der Ostküste, und so meinte ich, es sei am besten, dort anzufangen und das Boot erst in der zweiten Hälfte des Sommers nach Cowes zu nehmen. An der Ostküste gibt es örtliche Regatten auf den Flüssen, aber auch Seeregatten, die auf die Nordsee und hinüber zur nordeuropäischen Küste führen. Doch bevor es soweit war, mußte ich mir erst eine ständige Crew zusammenholen.

Da war ich nun so gut wie hilflos. Ich kannte kaum jemanden von den Seeseglern und hatte auch keine Ahnung, wie ich es anstellen könnte, mit ihnen in Verbindung zu kommen. Hier kam mir der Erbauer des Bootes zu Hilfe. Mike Winfield, ein Mann voller Pfeffer mit stark ausgeprägtem Sinn für Public Ralations, versprach mir für die ersten Regatten eine Topcrew. Um sie kennenzulernen und mir ein Bild von ihnen zu machen, gab ich eine Party in meiner Wohnung in der Nähe von Piccadilly. Mit mir brauchten wir 6 Mann als Besatzung der *Morning Cloud;* angelockt von der Aussicht auf eine Party kamen eine ganze Menge mehr. Das war nun wirklich ein prima Haufen, und ich hatte das Gefühl, daß wir mit allem, was auf uns zukommen konnte, fertig werden würden. Einer von ihnen war Anthony Churchill, der dann Navigator auf den drei ersten *Morning Clouds* wurde.
Ich meldete *Morning Cloud* für das erste Seerennen des Sommers an der Ostküste, die Regatta um den Pattison-Cup. Start war in West Mersey am Blackwater-Fluß, dann ging es in die Nordsee hinaus und das Rennen endete in Burnham-on-Crouch, wo ich meinen Liegeplatz hatte. Es wurde eine Regatta, die ich nicht vergesse.

Wir hatten das Boot nach West Mersey gebracht und uns an einem guten Abendessen im Club erlabt, waren die Nacht über an Land geblieben und gingen am frühen Sonnabendmorgen zum Boot herunter. Der Wetterbericht hatte leichten Wind, der im Laufe des Tages noch abflauen sollte, vorhergesagt. Als wir unser Boot für den frühen Start klarmachten, kam das Verkehrsboot des Clubs längseit und heraus sprang eine kleine zartgebaute Gestalt, die sich als Rod Stephens, Olin's Bruder, vorstellte. Am Abend zuvor hatte ich gehört, daß er vielleicht bei uns mitsegeln könnte, eine freudige Überraschung, denn ihm ging weltweit der Ruf voraus, daß er mit Booten umzugehen und sie zum Laufen zu bringen wußte.
Voller Interesse sah ich ihn mir an. Er hatte weiter nichts bei sich als ein kleines Bündel, so klein, daß er es mit der Hand umfassen konnte. Es war ein Päckchen leichtes Ölzeug, in das er ein paar Werkzeuge gewickelt hatte. Er zog das Ölzeug an, während wir das Boot weiter klarmachten; dann sah er sich um und begann ganz selbstver-

Trouble mit den Fallen! Anthony Law entert am zweiten Tage der Erprobungen der ersten »Morning Cloud« auf dem Medway auf.

Die erste »Morning Cloud«. Auf dem Solent im Sommer 1969.

24
468

ständlich Hand anzulegen. Man sah es, seinem Adlerauge entging nichts. Ein Stück Schot im Kockpit war in dem mit Schlickbänken reichlich gesegneten Fluß schmutzig geworden. Er klarte das Kockpit auf, tauchte die Schot ins Wasser und wusch sie aus. Ich erkannte, er glaubte daran, daß alles und jedes an Bord fleckenlos rein zu sein habe.

Ich lernte sogleich zwei Dinge von ihm. Nämlich, daß es für eine Crew durchaus nicht not tut, zu jedem Segeln einen Haufen Zeug mitzubringen; das ist nur überflüssiges Gewicht, bringt nur Unordnung in ein kleines Boot bringt und erschwert seine Handhabung. Aber – welch ein Unterfangen, das durchzusetzen! Und ein noch viel größeres Unterfangen ist es, die Spinde von Zeit zu Zeit zu entrümpeln und die darin entstandene Ansammlung von Ausrüstung und persönlichen Dingen an Land zu bringen. – Die zweite Lehre war das Geheimnis, dem Rod es verdankte, daß ihm der Erfolg treu blieb: eine unablässige Beachtung aller Einzelheiten.

Wir hatten einen guten Start, das Rennen lief, und es zeigte sich bald, daß wir nicht schlecht lagen. *Morning After,* Hauptkonkurrent in unserer Klasse, war weit unter Land gegangen und hatte dadurch deutlich verloren. Dann nahm der Wind, immer mehr zu, anstatt abzuflauen. Als wir in der Nordsee waren und die am weitesten außen liegende Bahnmarke gerundet hatten, lief die See hoch, und als wir auf den Kurs zurück nach Burnham gingen, blies es mit satten 7 Windstärken über Deck. Das Fahrwasser des River Crouch ist ziemlich eng, namentlich bei fallendem Wasser. Beiderseits der Fahrrinne liegen Schlickbänke, an denen sich jetzt eine kurze, heftige See brach. Es kam darauf an, bei jeder Wende so dicht es irgend ging, an die schlickigen Untiefen heranzugehen mit dem allgegenwärtigen Risiko, festzukommen und auf die nächste Flut warten zu müssen; keine angenehme Aussicht bei solchem Wetter.

Auf dem Törn zurück wurden wir langsam von dem größten teilnehmenden Boot, der *Cervantes III,* überholt. Es war erstaunlich, wie lange sie gebraucht hatte, uns einzuholen. Beide lagen wir auf Backbord-bug, aber nachdem sie uns überholt hatte, ging sie über Stag und wir verloren sie im Dunst und Regen aus Sicht. Wir konnten etwas weiter an den Schlick herangehen als *Cervantes* und hielten noch etwas durch, bevor wir wendeten. Zu unserem Erstaunen sahen wir dieses prachtvolle Boot voraus von uns entmastet, Spieren und Segel neben dem Boot im Wasser treibend, in der stürmischen See wie einen großen Vogel mit gebrochenen Schwingen auf dem Wasser taumeln. Bei dem herrschenden Krach hatten wir nichts davon gehört, wie ihre Wanten brachen und der Mast über die Seite ging. Offensichtlich bestand für die Besatzung keine Gefahr, und wir konnten im Moment nichts für sie tun. Als wir vorbeiliefen, winkten sie uns zu weiterzulaufen.

So zog sich die Regatta in die Länge. Wir kamen nicht rechtzeitig zum Clubdinner herein; es war dunkel geworden, bis wir endlich an unserem Liegeplatz festmachten. Als wir an Land kamen, sagte Rod Stephens zu mir: »Ich denke, sie haben etwas für uns zu essen, aber es wird noch lange dauern, bis die anderen drin sind, und wahrscheinlich werden sie uns bitten, zu warten, damit wir alle zusammen essen können. Wollen wir die Liste, die ich unterwegs über verschiedene Punkte aufgestellt habe, noch vor dem Essen durchgehen oder erst danach?«

»Liste mit Punkten – ,« sagte ich, »was meinen Sie damit?«

»Ich habe alles aufgeschrieben, was noch gemacht werden muß,« antwortete er, »ich denke, es sind ungefähr ein Dutzend Punkte. Ich würde sie gerne mit Ihnen durchgehen.« Ich war platt.

Müde, naß bis auf die Knochen und hungrig, sagte ich, ich hätte lieber erst ein warmes Bad, trockene Sachen auf dem Leibe und etwas im Magen.

»Und Sie,« sagte ich zu Rod, »möchten sicher auch erst mal was essen, ich habe doch gesehen, daß Sie den ganzen Tag über nichts weiter gegessen haben als einen Apfel. Warum haben Sie nicht von unseren Sandwiches genommen? So schlecht war das Wetter doch auch nicht.«

»Das will ich Ihnen genau sagen,« sagte Rod. »Als ich jung war, gehörte ich zur Crew von Mr. Vanderbilt's Boot. Eines Tages während einer Regatta wurde das übliche üppige Lunch gereicht. Wir gingen zum Essen nach unten und wurden von der

Regatta abgelenkt. Als ich wieder nach oben kam, sah ich, daß unser schärfster Konkurrent an uns vorbeigelaufen war. Wir bekamen ihn nicht wieder zu fassen. Mr. Vanderbilt tobte. Nie wieder, sagte er, dürften wir auf einer Regatta zum Lunch nach unten gehen; wir würden immer an Deck bleiben. Von diesem Augenblick an,« fügte Rod Stephens hinzu, »habe ich auf einer Tagesregatta immer nur einen Apfel gegessen oder ein Glas Saft getrunken, wenn ich Hunger oder Durst hatte.«

Fortan haben wir es auf den *Morning Clouds* ebenso gehalten. In der Sache steckt auch ein merkwürdiges Stückchen Psychologie. Wenn man ein Sandwich ißt und muß plötzlich irgendwo zufassen, dann möchte man unbewußt das Butterbrot behalten – Erfolg, man arbeitet nicht so schnell und so gut, wie es sein könnte. Hat man aber nur einen angebissenen Apfel in der Hand, hat offenbar niemand Hemmungen, ihn wegzuwerfen und zuzufassen. Äpfel und Marsriegel sind unsere Diät auf Regatten.

Es wurde spät, bis wir gegessen hatten, trotzdem bestand Rod Stephens darauf, alle Punkte, die er aufgeschrieben hatte, noch am Abend vor dem Schlafengehen durchzugehen. Ich habe später gesehen, daß er es ohne Rücksicht auf die Umstände immer so hält, wenn er irgendwo mitsegelt. Soweit ich mich erinnere, hatte er ungefähr zwanzig Punkte auf seiner Liste, die meisten davon hochtechnisch. Als ich mich daran machte, diesen Bericht über die erste *Morning Cloud* zu schreiben, fragte ich bei ihm an, ob er die Notizen noch hätte. Postwendend kam – sechs Jahre später – aus New York ein mit Schreibmaschine geschriebener Durchschlag mit den Punkten, die er nach dem Race aufgeschrieben und mit mir durchgesprochen hatte – es waren in der Tat 24! Ich konnte ihn nur zu seinem Archiv beglückwünschen. Als wir noch bei den Punkten saßen, kam das Regattaergebnis. *Morning Cloud* hatte ihr erstes Seerennen in ihrer Klasse gewonnen. Fast hätten wir sogar den Gesamtpreis bekommen, den uns aber die *Mersea Oyster,* ein großes Boot in der nächsthöheren Klasse wegschnappte. Es war ein wunderbarer Tag gewesen, und ich hatte eine Menge gelernt – über das Boot, über das Regattasegeln in schlechtem Wetter und über mich selber. Vor allem aber hatte ich gesehen, wie einer der erfahrensten Segler der Welt an das Geschäft des Seesegelns heranging.

Vierzehn Tage später segelten wir die Revancheregatta und wurden von *Morning After* knapp geschlagen. Das passierte bei der letzten Bahnmarke. Bis dahin hatten wir geführt, aber nach der Wende um die Boje stellten wir fest, daß wir die Schoten des neugesetzten Vorsegels innerhalb der Wanten geschoren hatten und nicht außen, wie es sein mußte. Das Umscheren der Schoten kostete uns wertvolle Zeit. Wir verloren das Rennen mit etwas mehr als einer Minute.

Jeder von uns, der es noch nicht wissen sollte, sah, daß auch auf einer 35-Meilen-Regatta jede Sekunde zählt. Ein Manöver kann alles zunichte machen, was sonst an dem Tage geleistet wurde und das Ergebnis über den Haufen werfen.

Es wurde Zeit, *Morning Cloud* von der Ostküste auf den Solent zu verlegen, wo ich auf dem River Hamble einen Liegeplatz hatte. Das bedeutete einen fast vollständigen Besatzungswechsel. 1969 war wieder Admirals-Cup. Einige von der Crew, wie Dave Johnson, der bei mir gesteuert hatte, und Anthony Churchill, mein Navigator, stiegen auf große Boote um und machten die Ausscheidungsregatten mit; andere gingen zu ihren eigenen Booten an die Ostküste zurück. Es war mir vorher nicht klar gewesen, daß die Crew so sehr auseinanderlaufen würde, doch hatten die meisten von ihnen Verbindungen und Freunde im Süden, die bereit waren, wenigstens einige Regatten während des Sommers bei mir mitzusegeln.

Geoffry Williams, der eben das Einhand-Transatlantikrennen mit der *Thomas Lipton* gewonnen hatte, wurde mein Navigator. Er stammte aus Cornwall und hatte sich bereits als Navigator bewährt. Er sprühte förmlich von neuen Ideen, was man auf dem Boot wohl noch besser machen könnte, doch spürte ich, daß er im Grunde ein einsamer Mensch war. Ihm war das, meine ich, garnicht so bewußt, und es zeigte sich in interessanter Weise. Wenn ich ihn beobachtete, kam es mir vor, als ob er bei allem, was er anfaßte, genau kalkulierte, wieviel Zeit es ihn kostete, wenn er dieses oder jenes Manöver oder diese oder jene Änderung allein auf seinem Boot durchzuführen hätte. Er war ein höchst anregender Bordkamerad, und jeder von uns hatte das Gefühl, daß er auf seiner Transatlantikregatta so viel mitgemacht hatte, daß wohl

Zusammen mit Rod Stephens (gegenüberliegende Seite), dem Mann, dessen Adlerauge nichts entging.

keine Lage eintreten könnte, die er nicht schon vorher schon einmal gemeistert hätte.
Nachdem ich nun mein eigenes Boot hatte, war es in Erinnerung an die erste schöne Seeregatta ein besonderer Wunsch von mir, das Cowes-Dinard zu segeln. Wieder hatten wir nur leichten Wind, doch lagen wir bei Nab-Tower nicht schlecht. Dann, nach einem Schlag auf die Isle of Wight zu, hielten wir auf den Kanal hinaus. Ich erinnere mich noch lebhaft, wie ich nach achtern sah und bemerkte, daß uns ein großes Boot mit unwahrscheinlicher Geschwindigkeit überholte. Es war die amerikanische *Red Rooster,* ein Entwurf von Dick Carter. Sie lief an uns vorbei, die ganze Crew auf der Luvkante, Dick selber am Ruder. Ich war ungeheuer beeindruckt. Im August gewann *Red Rooster* das Fastnet-Race. Später lernte ich Dick Carter gut kennen. Wir hatten in vieler Hinsicht übereinstimmende Ansichten über die Organisation an Bord, die Besatzung und über das Regattasegeln. Er sagte mir öfter, er hätte den Eindruck, ich versuchte in der Politik für mein Land das zu tun, worum er sich auf beiden Seiten des Atlantik auf dem Felde des Entwurfs von Booten und des Hochseeregattasegelns bemühte. Beide versuchten wir, zu neuen Einstellungen zu gelangen, vielleicht schneller, als das gemeinhin gewünscht und vertragen würde. Er hatte mit seinen Booten großen Erfolg.
Jene Cowes-Dinard-Regatta endete in dickem Nebel. Während der letzten zwei oder drei Stunden waren alle Mann mit Schwimmweste an Deck. Die Seenotausrüstung war klargelegt für den Fall, daß wir von einem nach St. Malo laufenden Schiff über den Haufen gefahren würden. Geoffrey Williams Navigation war brillant. Angestrengt in die trübe Finsternis starrend sahen wir eine Lichterreihe allmählich deutlicher werden. Als sie klarer herauskamen, waren wir unmittelbar bei ihnen. Es waren die Lichter der Fregatte, die als Zielboot auf Station lag. Geoffrey Williams hatte uns geradenwegs in die Ziellinie gebracht. Als wir durch waren, versuchten wir, die Hafeneinfahrt von St. Malo zu finden – hoffnungsloses Unterfangen. Wir ankerten die Nacht über in der Nähe einer Gruppe von unbekannten Booten. Es erfüllte uns mit einiger Genugtuung, als wir später hörten, daß viele von den größeren Booten vor uns einige Zeit herumgeirrt waren, bis sie die Ziellinie hatten, und wir waren gleich beim ersten Versuch dahin gekommen.

In diesem Sommer sammelte ich die ersten Erfahrungen auf der Cowes-Woche. Als seglerisches und gesellschaftliches Ereignis ist sie unzählige Male beschrieben worden, begeistert von den Seglern und mit spöttischen Randbemerkungen von den Kommentatoren. Auf der *Morning Cloud* hatten wir viel zu viel zu tun, um uns auf die Rennen vorzubereiten, als daß wir uns noch um anderes kümmern konnten. Am ersten Wochenende segelten wir beim Cannel-Race mit. Wie so manches Channel-Race bescherte uns auch dieses eine anständige Mütze Wind unter der französischen Küste. Für mich war die Regatta in zweierlei Hinsicht bemerkenswert. Bei uns segelte Jean Berger mit, ein Schweizer, der in London wohnte. Er war ein hervorragender Steuermann und hatte die britische Meisterschaft in der Hornet-Jolle gewonnen. Er sollte später noch eng mit unseren Geschicken verbunden bleiben. Zum zweiten stellten wir zu unserem großen Ärger fest, daß unser Treibstoffbehälter ein Leck hatte, gegen das wir im Moment nichts tun konnten. So kam es, daß Dieselöl in die Bilge lief und über die ganzen Bodenbretter unseres kleinen Salons spritzte. Überall stank es nach Diesel. Über zwei Drittel der Regatta plagte uns dieser alles durchdringende, magenumstülpende Gestank. Aber, wie einer von der Besatzung nachher sagte: »Wenn Du unter solchen Umständen 42 Stunden auf einem kleinen Boot aushalten kannst und wirst nicht seedoll, dann kannst Du überall segeln.«
Am Ende der Cowes-Woche kam das Fastnet-Race, mein erstes. Es führte uns von Cowes herüber zum Fastnet-Rock vor Südirland und um die Scillies herum zurück nach Plymouth. Während der Cowes-Woche verbrachten wir eine ganze Menge Zeit, die erforderlichen Proviantmengen auszurechnen, ihn zu besorgen und überhaupt sicherzustellen, daß wir nichts übersehen hätten, was wir notwendig brauchten auf diesem Rennen von gut 600 sm, das je nach Wetter bis zu fünf Tage dauern konnte. Die Crew war etwas improvisiert zusammengekommen. Den Navigator kannte ich noch garnicht, und am Donnerstag abend sagte ein Mann der Besatzung, auf den ich

»Red Rooster«, Gewinnerin des Fastnet-Race, 1969. Dick Carter hatte das Boot entworfen und steuerte es selbst zum Sieg.

als Steuermann gerechnet hatte, plötzlich ab. Zum Glück gelang es mir, Jean Berger zu überreden, seine geschäftlichen Dispositionen zu ändern; er kam im letzten Moment von London angehetzt.

Bis zum Fastnet-Rock war es ein ziemlich leichtes Rennen. Lange zuvor hatte uns ein Mißgeschick ereilt. Nicht zum ersten Male fand ich mich in irische Affären verstrickt.

Wir hatten eine starke Funksprechanlage eingebaut, über die ich als Führer der Opposition mit meinen Kollegen zu Hause ständig in Verbindung treten konnte. Das Parlament war zwar in die Sommerferien gegangen, doch konnte jederzeit eine Lage eintreten, über die sie vielleicht gern mit mir sprechen wollten.

Am ersten Regattatag hatte Reggie Maudling, der stellvertretende »Leader« der Opposition, dem ich die Geschäfte übergeben hatte, ein langes Funkgespräch mit mir über die in Nordirland ausgebrochenen Unruhen und über die Maßnahmen der Labour-Regierung. Wir wußten, daß diese starke Anlage unsere Batterieen schnell leerlutschte, so starteten wir gleich nach Beendigung des Gesprächs den Motor zum Aufladen.

Am zweiten Tage rief Maudling wieder an und las mir ein einigermaßen längliches Statement vor, das er herauszugeben vorschlug. Als ich es gebilligt hatte und unser Gespräch beendet war, sollte die Batterie wieder aufgeladen werden. Dieses Mal wollte die Maschine nicht anspringen. »Na«, sagte einer von der Crew, »ich wette, wir haben keine Anlaßkurbel an Bord.« Ich antwortete mit unverhohlener Genugtuung: »Doch, wir haben! Ich habe es selber vor dem Auslaufen gescheckt, und hier ist sie.« Das stimmte. Ich hatte es gescheckt, und hier war sie! Was ich aber nicht getan hatte, – und auch niemand sonst: Wir hatten den Motor nicht wirklich damit angeworfen. Als wir es nun versuchten, stellten wir fest, daß der Motor in der Mitte des Bootes so eingebaut war, daß man die Anlaßkurbel nur auf ihr Vierkant stecken konnte, wenn vorher der Mast ausgebaut wurde!

Das war ein harter Schlag. Die Werft hatte es offenbar auch niemals versucht. Wir sahen uns die Sache von allen Seiten her an und knobelten sämtliche Möglichkeiten durch, doch führte kein Weg daran vorbei: es ging nicht.

Es war nur noch verdammt wenig in der Batterie für unsere Navigationsinstrumente und bald reichte es nicht einmal für die Fahrtlaternen. Ohne Instrumente konnte man zur Not schon segeln; manch einer möchte sogar sagen, es sei garnicht schlecht, einmal damit fertig werden zu müssen. Aber, keine Fahrtlaternen zu haben, bedeutete, daß wir nicht auf unserem Wegerecht bestehen konnten; so gab es für uns vernünftigerweise nur eines, nämlich uns von jedem Fahrzeug, das in unsere Nähe kam, freizuhalten. Als wir die Scillies rundeten – richtiger wäre zu sagen, als wir uns durch die Felsen der Scillies hindurchgetastet hatten, – die Regattabestimmungen ließen das damals noch zu – waren wir in dem Verkehr des Englischen Kanals stark gehandicapt.

Diese Lektion ging mir sehr schnell ein. Seither haben wir auf jeder *Morning Cloud* doppelte Batterieen eingebaut, und ich habe mich nie wieder mit einem Motor abgefunden, der nicht von Hand angeworfen werden konnte, und er mußte an einer Stelle im Boot stehen, wo reichlich Platz zum Drehen der Anlaßkurbel vorhanden war. Auf der ersten *Morning Cloud* wurde der Motor so abgeändert, daß wir ihn vom hinteren Ende starten konnten, eine zweite Batterie wurde eingebaut.

In dieser Saison segelten wir noch ein Wochenende vor Ramsgate – drei Meilen von meinem Heimatort entfernt –, bei dem wir zwar bei der Sonnabendregatta Round the Goodwins kräftig abgehängt wurden, – dieses Race sollten wir 1974 mit der dritten *Morning Cloud* gewinnen –, dafür gewannen wir am Sonntag den Ramsgate Gold Cup. Weiter ging es nach Burnham-on-Crouch, wo unsere seglerischen Taten begonnen hatten, zur Burnham-Woche. Es waren sehr schöne Regatten, doch waren wir mit unserem Boot alles andere als zufrieden. Die ersten drei Abende redeten wir uns die Köpfe darüber heiß, was wir ändern müßten und tun könnten, um besser zu werden. Die Moral sank immer mehr. Ich war verzweifelt.

Dann erschien Owen Parker, der damals am Anfang das Boot eingetrimmt hatte, auf der Bildfläche, um bei uns die zweite Hälfte der Woche mitzusegeln. Er hörte sich unser Weh und Ach an und die verschiedenen Vorschläge, die wir uns überlegt hatten.

Am nächsten Morgen machte er dem Hin und Her mit fester Hand ein Ende. Als wir zur Startlinie segelten, sagte er, für die ganze Crew deutlich vernehmbar, zu mir: »Sir, hören Sie, Sie haben nun mal dieses verdammte Boot. Stoppen Sie dieses Herumgerede ab und segeln Sie dieses verdammte Boot, so wie es ist. Dann werden wir schon irgendwie hinkommen.« Damit war Schluß der Debatte. Die Moral stieg wieder. An diesem Tage wurden wir Zweite und am letzten Tage, als er schon ausgestiegen war, gewannen wir sogar – Auswirkung einer außergewöhnlichen Persönlichkeit. Immer kommt einmal der Punkt, an dem mit Reden Schluß gemacht und man sich darauf konzentrieren muß, das Boot zu segeln, wie es nun eben ist.

Es war bei uns Brauch geworden, nach einem Erfolg gemeinsam an Land essen zu gehen. Auf dem Hamble, an der Südküste, gingen wir meist ins Bugle. Dort konnten wir beim Essen auf den Frieden und die Ruhe des Hamble blicken. Es war noch früh im Sommer, wir saßen nach einem schönen Regattatage entspannt vor unserem Kaffee, da sagte plötzlich einer von der Crew: »Warum gehen wir eigentlich nicht nach Australien und segeln das Sydney-Hobart-Race mit? Wir würden dort nicht schlecht abschneiden.« Im Vollgefühl unseres Erfolges an diesem Tage sagten wir: »Why not?« Ich muß gestehen, ich stimmte mit in den Chor ein, ohne die geringste Ahnung zu haben, auf was wir uns da einließen. An diesem Abend wurde der Keim zu einer Idee gelegt. Dieser Abend brachte uns auf den Weg zu einem denkwürdigen Sieg.

Zu Hause traf sich die Crew in regelmäßigen Zeitabständen, um das Unternehmen von allen Seiten her durchzusprechen – wir nannten diese Zusammenkünfte unseren »Think-tank«, unsere »Denkstunde«. Viele, viele Einzelpunkte mußten überlegt werden. Zunächst einmal wollten wir alles über die 24 vorhergegangenen Regatten in Erfahrung bringen, was darüber zu erfahren war. Niemand wußte mehr davon als Olin und Rod Stephens. Sie setzten ihr Büro an, um die Verhältnisse, unter denen die Regatten bisher gesegelt worden waren, zu untersuchen und darzustellen. Später verglichen sie noch ihre Aufzeichnungen mit Chris Bouzaid, dem bekannten neuseeländischen Seesegler.

Dann waren die australischen Regattabestimmungen durchzuarbeiten. Zwischen unseren und ihren gab es in einigen Punkten nicht unerhebliche Unterschiede. Vor allem waren ihre Sicherheitsbestimmungen viel schärfer als die in England. Jedes Boot mußte eine weitreichende Funksprechanlage an Bord haben – für uns erledigt, wir hatten schon eine – und jedes Boot mußte seine Position dreimal täglich an das Regattabegleitschiff, das mit dem Feld von Sydney nach Hobart mitlief, durchgeben. Einige der vorgeschriebenen Medikamente waren bei uns verboten, wir würden sie unten kaufen müssen.

Die Crew mußte nach Australien geflogen werden. Quantas war bereit, uns einen beträchtlichen Preisnachlaß für die ganze Besatzung zu gewähren; British Airways sah sich nicht in der Lage, irgendwie zu helfen. Unten war die Crew in Sydney und in Hobart unterzubringen, beide Male geschlossen in einem Hotel; das fanden wir immer am besten für den Zusammenhalt der Crew – wir mochten nicht getrennt werden. Hier half uns Syd Fisher, der Equipechef des australischen Teams beim nächsten Admiral's Cup; er brachte uns geschlossen in einem neuen Hotel unter, das seine Firma gerade gebaut hatte. Dann gab es noch so prosaische Kleinigkeiten wie eine wirksame Sonnenschutzcreme gegen die intensive australische Sonne. Schließlich kamen wir auf eine Paste namens »Pinki-zinc«, die, reichlich aufgetragen, uns das Aussehen von etwas bleichgesichtigen Rothäuten gab, deren Haare und Augenbrauen aus der Schicht hervorstachen.

Vor allem aber stellte sich uns die Frage, was zu tun sei, um *Morning Cloud* die bestmögliche Chance im Rennen zu geben. Woche über Woche diskutierten wir die Angelegenheit in unzähligen »Denkstunden«, meist nach einem Regattatage. Die Burnham-Woche gab uns reichlich Gelegenheit, Abend für Abend darüber zu reden. Nachdem wir im September nach Hause und in unsere Berufe zurückgekehrt waren, trafen wir uns regelmäßig in meiner Wohnung in Albany. Es begannen sich in der Crew zwei Lager herauszubilden, und schließlich mußte ich der Auseinandersetzung ein Ende machen, um noch rechtzeitig die notwendigen Änderungsarbeiten am Boot einleiten zu können.

Das Clubhaus der Royal Yacht Squadron in Cowes. Von hier werden Regatten gestartet, und hier ist der beste Platz, wenn man aufregende Endkämpfe sehen will.

Im Grunde ging die Auseinandersetzung um die Frage, vor die sich jeder Yachteigener und jeder Konstrukteur gestellt sehen, wenn sie gemeinsam überlegen, wie das Boot aussehen soll, das sie bauen wollen. Nach der einen Doktrin sollten wir erst einmal feststellen, unter welchen Bedingungen die Mehrzahl der Regatten in den letzten 25 Jahren gesegelt worden waren. Dann sollten wir das Boot so herrichten, daß es unter diesen Bedingungen gewinnen konnte. Wenn die Verhältnisse zufällig gerade bei diesem Race anders lägen, würden wir uns allerdings wahrscheinlich am Tampen des Feldes wiederfinden, aber dann hätten wir eben Pech gehabt. Die Parteigänger dieser Richtung wurden von ihren Widersachern prompt »Extremisten« genannt, vornehmlich deshalb, weil sie wünschten, daß das Boot durch die von ihnen vertretenen Änderungen einseitig bis an die äußersten Grenzen getrieben würde. Im Schnitt waren die Sydney-Hobart-Regatten immer Raumwindrennen gewesen. Daher wollten sie, daß die Fläche der Spinnaker und der Vorsegel auf das Höchstmaß dessen, was eben noch getragen werden konnte, vergrößert würden, selbst auf Kosten einer Bestrafung durch die Formel, einer Erhöhung der »Rating«, des Rennwerts des Bootes.

Die andere Doktrin zielte auf ein Boot ab, das unter allen Verhältnissen gut wäre, selbst wenn es einem anderen Boot, das den Verhältnissen, unter denen das Rennen gerade in dem betreffenden Jahre stattfand, besser entsprach, unterlegen wäre. Mit anderen Worten, ein »All-round-Boot«, dabei dem , was zu erwarten war, so gut es ging angepaßt.

Wir studierten die damals geltenden Vermessungsbestimmungen und fanden heraus, daß wir auf jeden Fall zwei Dinge tun konnten, um die Rating des Bootes herunterzubringen. Einmal konnten wir im Inneren des Rumpfes Stahlbänder einbauen. Aus

Gründen, die in der Geschichte des Yachtbaues liegen, ließ sich so der Rennwert bedeutend senken. Für uns war wichtig, daß wir dadurch unser Glasharzboot erheblich verstärkten, und das würde uns in der schweren See vor der Bass-Straße und der tasmanischen Küste sehr zustatten kommen. Der andere »Trick« zur Verringerung des Rennwertes bestand darin, das Deck mit Teak zu planken. Das würde viel kosten, ohne die Segeleigenschaften des Bootes irgendwie zu verbessern. Ich entschied, die Stringer – das ist der Fachausdruck für solche Verstärkungsbänder – einzubauen, auf das Teakdeck jedoch zu verzichten.
Schließlich entschied ich, nachdem ich das Für und Wider angehört hatte, die Segelfläche zu vergrößern, wenn auch nicht so sehr, wie die »Extremisten« es vorgeschlagen hatten. Olin Stephens meinte anfangs, *Morning Cloud* wäre ganz in Ordnung so wie sie war, schloß sich aber dann unserem Standpunkt an und beriet uns bei der Durchführung. Wir brauchten nun also längere Spinnakerbäume, größere Spinnaker und überhaupt größere Vorsegel. Bei der Regatta waren wir dann sehr froh, daß wir uns dazu durchgerungen hatten; Jean Berger, der mich immer gedrängt hatte, bis an die Grenze der Möglichen zu gehen, hatte bei einer unserer »Denkstunden« den Ausschlag gegeben mit der Bemerkung: »Ich dachte, wir könnten bei unserer Arbeit davon ausgehen, daß wir *Morning Cloud* um den halben Erdball schicken, um das Sydney-Hobart zu gewinnen. Wenn wir so weitermachen, bin ich durchaus nicht sicher, daß wir das schaffen können.«
In Port Hamble mußten sie eine Woche lang kräftig zugreifen. Der Einbau der Stringer war gleichbedeutend mit Aus- und Wiedereinbau der Inneneinrichtung. Wir überlegten uns, ob wir innen die ganze Teakverschalung herausreißen sollten, um Gewicht zu sparen und das Boot leichter zu machen. Wir hätten dann nur eben vier Kojen für die Crew einbauen können. *Morning After,* seinerzeit als Ausbauschale angeschafft, war unter Deck nie vollständig ausgebaut worden, und wir fragten uns manchmal, ob sie deshalb bei leichtem Wind so viel besser war als *Morning Cloud.* Zum Mindesten gab es uns die Gelegenheit, sie auf den Arm zu nehmen. »Natürlich«, sagten wir, »geht es uns nichts an, ob Ihr auf Stroh schlafen wollt; aber wir möchten doch sehr darum bitten, daß ihr frisches Stroh für uns aufschüttet, wenn Ihr uns mal zu Euch einladen solltet!« Auch hier wieder wollten die »Extremisten« das Boot innen vollständig ausräumen. Wir einigten uns darauf, die bewegliche Einrichtung, wie zum Beispiel den schweren Tisch aus Teak herauszunehmen, im Übrigen aber alles zu lassen, wie es war. Die Werft ging auch das ganze Boot durch und überprüfte Rigg und Ausrüstung auf ihre Stärke. Dabei stellte sich heraus, daß die Wanten und Stage aus Profilstahl, damals eine noch ziemlich neuartige Sache, um Bruchteile eines Zolls geschrumpft waren. Die Zeit bis zur Verschiffung des Bootes reichte zur Beschaffung einer Ersatzvertagung nicht mehr aus. Sie wurde uns mit Flugzeug nachgeschickt. Als alles klar war, wurde *Morning Cloud* abgetakelt und zur Einschiffung nach Tilbury-Docks getrailert.

Fastnet Rock, ein einsamer Felsen vor dem südlichsten Punkt Irlands, ist alle zwei Jahre eine Woche lang Brennpunkt eines der härtesten und anspruchsvollsten Seerennen im Kalender des Seeseglers, ein Rennen, das erstmals 1923 gesegelt wurde.

6

Die großartige Brücke über den Hafen von Sydney bildet den Rahmen für eine Gruppe von Yachten beim Start zum Sydney-Hobart-Race, 1969. »Morning Cloud« ist das zweite Boot von rechts.

DAS SYDNEY/HOBART RENNEN

Je länger ich darüber nachdachte, desto mehr wünschte ich mir, das Sydney-Hobart-Race mitzusegeln. Im August des Jahres zuvor war ich drei Wochen in Australien gewesen. Ich hatte Gelegenheit gehabt, einen großen Teil des Landes kennenzulernen, von den neu entstehenden Bergwerksgebieten im Nordwesten bis hinunter nach Melbourne, Sydney und Brisbane im Osten. Das hatte mir nicht nur Freude gemacht, es war auch unerhört anregend gewesen. Meine Bewunderung für Australien und die Australier kannte keine Grenzen. Auf der anderen Seite gaben sich viele Australier, mit denen ich sprach, nicht die geringste Mühe, mit ihrer Meinung hinter dem Berge zu bleiben, England sei ziemlich fix und fertig und nicht in der Lage, seine wirtschaftlichen, politischen und militärischen Verpflichtungen einzuhalten, es sei vornehmlich von langhaarigen Herumtreibern und Nichtsnutzen bevölkert. Es hatte keinen Sinn, mit ihnen darüber zu reden; sie hatten einen Zustand erreicht, in dem sie keinem Engländer mehr ein Wort glaubten. Ich dachte mir, wenn wir es schafften, ein Boot herunterzubringen und sie womöglich in ihren Heimatgewässern zu schlagen, dann könnten wir vielleicht etwas dazu beitragen, sie zu einer Änderung ihrer niederschmetternden Meinung über uns zu bringen. Aber das war schon ein Unternehmen!

Wir begannen damit, alles nur mögliche über das Rennen ausfindig zu machen. – Im Dezember wird in Sydney eine Serie von vier Regatten veranstaltet, deren letzte das Sydney-Hobart-Race ist: Start am 26. Dezember, dem zweiten Weihnachtsfeiertag. Diese Rennen waren für Einzelboote offen, doch konnten auch Länderteams und Teams der australischen Bundesstaaten mit je drei Booten für den Southern-Cross-Cup gemeldet werden, dem Gegenstück zu unserem Admiral's Cup – wenn auch bei Weitem nicht ebenso angesehen, und ebenso hart umstritten. Die Regatten beginnen Mitte Dezember, und das hieß, das Boot mußte spätestens in den ersten Dezembertagen unten sein. Die Besatzung mußte kurz darauf eintreffen, um sich akklimatisieren zu können. Der Sprung aus dem feuchten englischen Dezember in die trockene Sommerhitze Sydneys bedeutet eine nicht zu unterschätzende Umstellung, zumal wenn man ein paar Monate nicht zum Segeln gekommen war. Man braucht einige Zeit, um unter diesen Verhältnissen wieder an seine Höchstform heranzukommen.

Das erste Problem war die Verschiffung des Bootes nach Australien. Es schien mir am vernünftigsten, mich an Teddy Denman zu wenden, einen alten Freund aus der Schulzeit, der immer meine Versicherungsgeschäfte besorgt hatte. Ich bat ihn, sich umzusehen und festzustellen, welche Schiffe in Frage kämen und was es kosten sollte. Er sagte mir, er hätte ein Schiff gefunden, das Anfang Oktober auslaufen würde und *Morning Cloud* mitnehmen könnte; er hätte vorsorglich dafür reserviert. Danach ging ich auf einen offiziellen Besuch nach Neuseeland, wo ich mich mit einigen Leuten der *Rainbow*-Besatzung von Chris Bouzaid, die im Vorjahre das Sydney-Hobart-Race gewonnen hatten, unterhalten konnte. Auf dem Heimweg kam ich über Sydney und konnte dort mit der Regattaleitung sprechen.

Inzwischen hatte der Royal Ocean Racing Club beschlossen, ein Team zu den Southern Cross-Regatten zu schicken. Ausgewählt wurden die *Crusade* von Max Aitken, Arthur Slater's *Prospect of Whitby* und unser Schwesterschiff, die *Morning After* von Rodney Hill. Arthur Slater war Teamleiter, und wir wurden gebeten, als Reserveboot mitzukommen. Damit wurden wir in jeder Hinsicht wie ein Teamboot behandelt und konnten auch die besonders großzügigen Preisnachlässe der Quantas für die Aus- und Rückreise der Crew in Anspruch nehmen. Außerdem bekam ich einen Zuschuß für die Verschiffung der *Morning Cloud.* Ich hatte eine Fracht von £ 750 abgeschlossen, die Teddy Denman gekonnt für mich ausgehandelt hatte. Aus den Zuschüssen für das Team bekam ich später £ 400; so brauchte ich selbst nur £ 350 zu bezahlen.

Die Bereitstellung einer Transportmöglichkeit für die zum eigentlichen Team gehörenden drei Boote bereitete einige Schwierigkeiten. Eine Zeit lang hieß es, ein sowjetrussisches Schiff sei bereit, die vier Boote für wenig Geld oder sogar umsonst mitzunehmen. Mit Rücksicht auf meine Stellung in der Politik konnte ich ein derartiges Angebot nicht annehmen, abgesehen davon, daß ich bereits alles Erforderliche geregelt hatte. Schließlich wurden die Teamboote einzeln verschifft und kamen auf

verschiedenen Wegen und zu unterschiedlichen Zeiten an. *Morning Cloud* mußte in Melbourne nach Sydney umgeladen werden, hatte aber trotzdem von allen Booten dort die längste Zeit zur Vorbereitung. *Prospect of Whitby* und *Morning After* trafen erst später ein. Max Aitken segelte seine *Crusade* auf einer Zubringerregatta von Melbourne nach Sydney. Als er aus dem Hafen von Melbourne heraussegelte, bekam er einen dicken Stein zu fassen; dabei hatte er ein paar Australier in seiner Crew. Er verbog sich das Ruder, schaffte es aber trotzdem, nicht nur Sydney an der Spitze des Feldes zu erreichen, sondern auch nach berechneter Zeit zu gewinnen.
Neben dem Klarmachen und Verschiffen des Bootes war mein Hauptanliegen, eine Crew zusammenzustellen. Owen Parker, der das Boot eingetrimmt, es vor Burnham gesegelt und es zur Verschiffung vorbereitet hatte, erklärte sich bereit, als Bootsmann mitzukommen, das heißt, er würde das Boot in See und im Hafen betreuen. Anthony Churchill, der beim ersten Nordseerennen und später, nachdem er den Admiral's Cup auf der *Phantom* mitgesegelt hatte, in Burnham mein Navigator gewesen war, konnte sich von seiner Zeitungsschreiberei lösen. Jean Berger, der mit seinen umfassenden technischen Kenntnissen und seinem klaren Kopf bei unseren »Denkstunden« so viel zur Vorbereitung des Bootes beigetragen hatte, konnte sich für eine Weile von seiner Werkzeugmaschinenfirma freimachen und kam als Steuermann mit. Auf dem Vorschiff hatten wir Duncan Kay, der auf dem Solent zur *Morning Cloud* gestoßen war, eigentlich aber von der Ostküste kam und der mit Anthony Churchill und Jean Berger befreundet war. Nun brauchte ich noch einen zweiten Steuermann, einen mit besonderer Erfahrung im Seesegeln, und ich bat Sammy Sampson, einen 1 Meter 95 langen Landwirt aus East Anglia, hochgeachtet in der ganzen Seesegelei, zu uns zu stoßen. Unter dem Vorwand, er müßte den Obstanbau in Tasmanien studieren, nahm er mit Freuden an. Mit mir waren wir sechs. Jeder der fünf Mann der Besatzung war auf seinem Gebiet Spezialist und dazu auch ein großartiger All-round-Mann. Alle hatten sie enorme Erfahrung . . . auf Binnen- und Seeregatten. Und jeder von ihnen war ein ausgesprochener Charakter. Meine Aufgabe war es, sie zu einer Crew zusammenzuschweißen und all diese Erfahrung, Intelligenz und Stärke für unseren Sieg einzusetzen.

Der 26. Dezember 1969 war ein strahlender Tag; die Sonne schien heiß von einem hellblauen Himmel herunter. Sydney Harbour bot ein prachtvolles Bild, eine freundliche Brise kräuselte leicht das Wasser. Elf Uhr am zweiten Weihnachtsfeiertag ist der traditionelle Zeitpunkt für den Start zum Sydney-Hobart-Race, doch schon lange vorher begann die Masse der Zuschauerboote sich im Hafen zu versammeln, entlang der ganzen Strecke von der Startlinie bis zu den Heads, zwischen denen hindurch der Weg der Regattaboote hinaus auf den Südpazifik führte. Auf den Balkons der Häuser am Ufer mit dem Blick über die unzähligen Buchten saßen die Leute zusammen und tranken den vorüberfahrenden Booten zu. Die Uferhöhen wimmelten von Menschen – man schätzte sie auf eine halbe Million –, die den Beginn des langen Rennens mit erregter Anteilnahme erwarteten. Es war ein farbenfrohes, glanzvolles Bild voller Leben, eines großen Ereignisses würdig.
Unten im Hafen, vor der *Morning Cloud,* verabschiedete ich mich von meinem Fahrer, der mich während der letzten zehn Tage betreut hatte. Als wir auf die Boote schauten, die sich für die Regatta klarmachten, sagte ich zu ihm: »Wie wunderbar ist das alles. Welche Zuversicht strahlen doch alle Menschen hier aus. Sagen Sie, wie kommt das?« Darauf die schlichte Antwort dieses jungen Mannes, der eine Frau und Familie hatte und der mir erzählt hatte, er sei im Begriff, sich ein neues Haus zu kaufen: »Weil wir hier draußen wissen, Sir, daß das Morgen . . . immer besser sein wird als das Heute.« Welch' eine Zuversicht! Sechs Monate darauf, im Juni 1970, ging ich mit der konservativen Partei in den Wahlkampf mit der Parole: »Für ein besseres Morgen.« Ob mein australischer Fahrer wohl ahnte, daß er mich zu dieser Parole inspiriert hatte?
Für mich stand von vornherein fest, daß ich nicht alle vier Regatten der Southern-Cross-Serie auf *Morning Cloud* in Australien würde mitsegeln können, weil das Parlament bis weit in den Dezember hinein tagte. Als ich in Sydney ankam, waren die Boote auf der letzten Strecke der 200-Meilen-Regatta. Auf dem Flugplatz stieg

Kurz nach Passieren der Sydney-Heads, bevor wir den Spinnaker oben hatten. Ich sitze am Ruder, neben mir Owen Parker.

ich sofort in ein kleines Privatflugzeug, das man mir geliehen hatte, und flog los, um die Boote zu suchen. Zu diesem Zeitpunkt waren sie weit auseinandergezogen. Aber nachdem wir niedrig fliegend ein großes Gebiet abgesucht hatten, entdeckten wir *Morning Cloud* auf Heimatkurs, allerdings lag sie nicht gut im Rennen. Die Crew hatte länger gebraucht als erwartet, sich einzugewöhnen, und auch mit dem Seegang vor Sydney kamen sie nicht gut zurecht.

Ich hatte mehr Glück als erhofft. Beim ersten kurzen Rennen hatte sich *Morning After,* eines der drei englischen Teamboote, an einer der Bahnmarken mit einem australischen Boot berührt. Es wurde entschieden, das Rennen zu wiederholen, obgleich das hieß, daß zwei Kurzregatten unmittelbar nacheinander zu segeln waren. Ich segelte beide mit. Wir wurden ziemlich schnell mit den neuen Verhältnissen vertraut, um Gezeiten brauchte man sich nicht zu kümmern, und außerhalb des Hafens stand eine recht lange schwellende Dünung. Bei der zweiten Kurzregatta gab es für uns einen aufregenden Endkampf. Als wir auf die Ziellinie zuliefen, überholten wir langsam einen neuseeländischen Eintonner, die *Boambille,* ein viel größeres Boot als wir. Mit unserem leichtem Spinnaker liefen wir bei der schwachen Brise fast am Wind liegend schließlich dicht vor der Linie an ihr vorbei. Unsere Brust schwoll. Als die Australier über die Linie gingen, standen sie alle an Deck und brachten Hurras auf *Morning Cloud* aus. Echter Sportsgeist. Das gab uns den richtigen Auftrieb für das Sydney-Hobart-Race.

In den folgenden Tagen bereiteten wir das Boot auf das große Rennen vor. Ich wollte auf jeden Fall mit allem bis zum Weihnachtsabend fertig sein, ohne Rücksicht darauf, wie lange wir arbeiten mußten. Einzige Ausnahme: das Frischfleisch und Frischgemüse, das Sammy Sampson erst kurz vor dem Auslaufen an Bord schaffen sollte. Wir hatten im Boot keinen Platz für einen Kühlschrank und wir wußten, daß Frischproviant sich in dieser Hitze nicht lange hielt.

Am frühen Weihnachtsabend war *Morning Cloud* klar, um 36 Stunden später auf die Regatta zu gehen. Wir konnten uns auf einen hübschen Weihnachtsabend freuen. Wir verbrachten ihn in Tryg Halvorsens Haus, von dem aus wir einen Blick über den Hafen von Sydney hatten. Tryg, ein aus Norwegen stammender Australier, hatte selbst das Sydney-Hobart-Rennen viermal gewonnen. Dieses Mal segelte er als Navigator auf der *Apollo,* einem der großen australischen Boote. Wir aßen unser Weihnachtsmahl mit all dem, was an festlichen Gebräuchen dazu gehört. Den ganzen Nachmittag lang hatten wir über die Regatta gesprochen und nach einer Tasse Tee verabschiedeten wir uns von unseren Gastgebern. Als ich ging, kam Tryg Halvorsen mir zur Tür nach und sagte: »Ich habe Sie bei den Ragatten hier gesehen und meine, Sie werden die Sache schon schmeißen. Das aber nur, wenn Sie gleich weit nach draußen gehen und weit draußen bleiben. Hals- und Schotbruch!« Und fort war er.

Auf dem Wege ins Hotel fuhren wir am Hafen vorbei, um zu sehen, ob *Morning Cloud* noch da wäre. Die ganze Marina bot ein Bild fieberhafter Geschäftigkeit. Es sah so aus, als ob alle übrigen Besatzungen umherhetzten und versuchten, noch rechtzeitig fertig zu werden. Alan Bond's großes Boot, die *Apollo,* war eben erst aus der Werft gekommen. Als er mich auf dem Schwimmsteg sah, winkte Alan mich an Bord und lud mich ein, einen Blick über das Boot zu tun. Ich kam herunter und fand Tischler und Bootsbauer noch eifrig an der Arbeit, das Nötigste an Einrichtung einzubauen. An Deck machte ich eine Bemerkung über die Länge der Spinnakerbäume und fragte, wie das Boot sich bei achterlichem Wind benähme. »Ich weiß es nicht,« sagte er, »wir haben das noch nicht ausprobiert; wenn der Wind so beibleibt, wollen wir morgen früh einen Schlag den Sund herunter machen und dann zur Startlinie zurücklaufen und dabei sehen, wie es läuft.« Überall schien das Chaos zu regieren, zugleich aber herrschte eine feste Zuversicht, daß zur Regatta alles klar sein würde.

Für uns gab es nichts mehr zu tun. Am Abend des ersten Weihnachtsfeiertages hatten wir ein besinnliches Dinner, gingen früh zu Bett und schliefen fest und gut. Nach einem anständigen Frühstück gingen wir zum Boot hinunter.

Der australische Premierminister, John Gorton, startete die Regatta von Bord einer Fregatte. Trotz der Rekordbeteiligung von 79 Booten – wir waren eines der kleinsten –

2468

2468

»Morning Cloud« vor dem Wind im ersten Teil der Regatta.

war auf der Startlinie reichlich Platz. Was mich ein wenig in Unruhe versetzte, waren die etwa viertausend Zuschauerboote, die auf der ganzen Strecke im Hafen verteilt offenbar nur darauf warteten, bis wir unterwegs waren, um in unsere Nähe zu laufen. Die Startlinie selber war von Polizei höchst wirksam abgesperrt; kein einziges Boot durfte in die Nähe kommen. Die Zuschauerboote warteten auf ihren Augenblick. Bei der Aussicht, mit 78 anderen Booten, umschwirrt von viertausend weiteren Fahrzeugen jeder Art und Größe voller ausgelassener Australier, die ihren Spaß haben wollten, zum Start zu kreuzen, fragte ich mich doch etwas beklommen, ob wir jemals ohne Ramming und ohne von einem begeisterten Enthusiasten auf die Hörner genommen zu werden, aus dem Hafen herauskämen.
Wir machten einen guten Start, eine Sekunde nach dem Schuß. Wir hatten das Starten immer wieder geübt und waren stolz darauf, wie es klappte. Ich saß am Ruder, Anthony Churchill, der Navigator, nahm die Zeit und kontrollierte den Abstand zur Startlinie; Owen Parker behielt die taktische Gesamtlage im Auge. Auf unserem kleinen Boot waren wir einander so nahe, daß wir uns verständigen konnten, ohne die Stimme zu erheben.

Nach dem Start hielten wir hoch am Wind auf die Hafeneinfahrt zu, vor den Heads mußten wir noch ein paar Schläge machen. Die Flotte der Zuschauer benahm sich ausgesprochen manierlich. Sie waren sehr bemüht, uns aus dem Wege zu gehen, uns nicht den Wind zu nehmen und uns nicht vor den Bug zu laufen. Wir brauchten ihnen bloß ein kleines Zeichen zu geben, wenn wir über Stag gehen wollten, und alle machten reichlich Platz. Als wir durch die Heads gingen, sahen wir Zehntausende von Menschen auf den Uferhöhen, von wo sie einen prachtvollen Blick auf das absegelnde Feld hatten.
Nach den Heads bekamen wir einen schönen Nordnordostwind zu fassen, nahmen den großen Spinnaker hoch und hielten auf die See hinaus. Sehr bald hatten wir das unangenehme Kabbelwasser der Hafeneinfahrt hinter uns und eine lange Ozeandünung nahm uns auf. Der Wind legte auf 5 Windstärken zu, die Sonne schien, hier und da zog eine weiße Wolke über den Himmel – so segelten wir wunschlos dahin.

Noch unter Spinnaker, aber auf dem anderen Bug, weit draußen. Das einzige Mal, daß ich beim Segeln einen Sonnenhut getragen habe!

Wir hatten gründlich darüber nachgedacht, ob wir uns besser einigermaßen dicht unter der Küste oder gleich nach See hinaus halten sollten. Der direkte Kurs von Sydney nach Hobart verläuft in einem Abstand von 10 bis 20 Seemeilen an der Küste entlang. Das ist natürlich der kürzeste Weg. Allerdings mußten wir befürchten, daß wir so nahe der Küste nachts möglicherweise den Wind verlieren könnten. Gingen wir nach draußen, würde unser Weg länger werden, dafür durften wir aber auch mit besserem Wind rechnen. Ausschlaggebender aber war für uns die Suche nach dem Strom, der uns parallel zur Küste nach Süden setzte.
Wir hatten schon lange von diesem Strom gehört, aber ich war erstaunt, wie wenig Genaues man in Australien darüber zu wissen schien. Ich glaube nicht, daß unsere australischen Freunde und Konkurrenten uns ihr Wissen vorenthalten wollten; es war einfach so, daß sie uns wirklich aus ihrer Erfahrung nicht viel darüber sagen konnten. Anfangs hieß es, der Strom setze nach Süden, andere wiederum meinten, er könne unter bestimmten Umständen auch nach Norden laufen; das richte sich nach der Stärke und Dauer des herrschenden Windes. Da in der letzten Zeit nordöstliche und nordwestliche Winde vorgeherrscht hatten, meinten wir, eine gute Chance zu haben, daß der Strom nach Süden liefe. Die meisten Leute, mit denen wir darüber sprachen, waren der Ansicht, daß der Strom mehr oder weniger bei der 100-Fadenlinie (180 m) zu finden sei. Das brachte uns ein kleines Problem, weil unser Lot nur bis 50 Faden reichte. Wir mußten also nach Koppelung gissen, wann wir auf der 100-Fadenlinie standen.
Man sagte uns, man könne den Strom auch auf zwei andere Weisen feststellen. Die Wassertemperatur von gewöhnlich 20°C zu dieser Jahreszeit würde bei Erreichen des Stromes auf 22 bis 23°C ansteigen. Dazu hatten viele australische Boote ein leicht ablesbar angebrachtes Thermometer im Rumpf eingebaut. Wir hatten nichts derartiges, und so steckten wir alle halbe Stunde ein Thermometer an eine Leine und ließen es ins Wasser. Das andere Anzeichen sollten kleine bläulich gefärbte Quallen

sein, die in dem wärmeren Wasser schwimmen. Wenn es uns glückte, den nach Süden setzenden Strom zu finden, würden wir mit einem bis zu zwei Knoten schnellen Strom segeln, was unsere Position enorm verbessern würde. So segelten wir nach Osten auf der Suche nach dem Strom.
Das führte uns 60 Seemeilen von der Küste fort. Unser Thermometer stieg nie über 21°C, und wir sahen auch nur ganz selten einmal die blauen Quallen. Aber als wir draußen waren, stand es für uns fest, daß ein mächtiger Strom uns schob. Das bestätigte sich, als unser Navigator seine gekoppelten Schiffsorte mit den astronomischen Standorten verglich. Ohne astronomische Navigation hätten wir uns keinesfalls so weit von der Küste entfernen können. Ich hatte das Glück, daß drei von der Besatzung, Anthony Churchill, Sammy Sampson und Jean Berger mit den Sextanten umgehen konnten und gute Ergebnisse bekamen. Das ist beim Sydney-Hobart-Race in der Tat ausschlaggebend. Es gibt nämlich nur ein Funkfeuer zwischen Sydney und Hobart auf der Nordostspitze von Tasmanien, und das ist nicht besonders stark. Als Kontrolle für das Koppeln oder für die astronomische Navigation kann es nützlich sein, doch gibt es in der Nähe kein weiteres Funkfeuer oder eine peilbare Rundfunkstation, mit deren Hilfe sich ein Fix, ein eindeutiger Schiffsort, bestimmen ließe. Boote, auf denen niemand astronomisch navigieren kann, müssen sich dicht genug an die Küste halten, um ihren Schiffsort terrestrisch bestimmen zu können.

Nach den Regattabestimmungen mußten sämtliche Boote dreimal täglich ihren Standort melden, vornehmlich aus Sicherheitserwägungen, falls das Wetter plötzlich schlecht werden sollte, was beim Sydney-Hobart-Race oft vorkommt. Bei der ersten Regatta vor 25 Jahren, an der nur neun Boote teilnahmen, hörte man von acht Booten, die in einem Sturm beigedreht hatten, lange Zeit nichts. Der einzige Skipper, der sich

weiter durchboxte, war John Illingworth, der damit den Sieg für England hereinholte. Seither war das Rennen stets an die Australier gegangen mit einer Ausnahme, als die Neuseeländer triumphierten.

Das Begleitfahrzeug, mit dem wir Funkverbindung zu halten hatten, lief etwa in der Mitte des Feldes mit uns nach Süden herunter. Das Aufrufen der 79 Bootsnamen nach der Reihe und das Aufnehmen ihrer Positionen dauerte jedesmal recht lange, aber so konnten wir die Standorte unserer Konkurrenten auf der Karte eintragen und sehen, wie sie lagen und uns ein Bild von den Verhältnissen machen, die sie vorgefunden hatten. So beobachteten wir die Schlacht der Giganten, die dicht unter der Küste zwischen *Crusade* und *Apollo* tobte. Manchmal hatten wir den Verdacht, daß die Meldungen aus taktischen Gründen hingetrimmt waren, um andere Boote irrezuführen. Eine Meldung der *Morning After* zeigte sie weiter draußen als wir mit *Morning Cloud* standen. Sollte das etwa eine Kriegslist sein, um uns noch weiter von der Küste fortzulocken? Mit Spannung erwarteten wir die nächsten Meldungen und hörten dann erleichtert, daß *Morning After* wieder brav unter der Küste stand. Mit den Standortmeldungen wurden auch oft nützliche und interessante Mitteilungen durchgegeben. Am zweiten Tage schilderte ein Boot, wie es auf eine kleine Schule von Schwert- oder Mörderwalen getroffen sei. Später sahen wir ebenfalls welche. Wir hatten viele Geschichten gehört von dem Schaden, den sie kleinen Booten zufügen können entweder, indem sie mit Absicht angreifen, oder weil sie unter dem Kiel auftauchen und das Boot umwerfen. Wir behielten sie scharf und mit etwas Bammel im Auge, aber nach ungefähr einer halben Stunde drehten sie ab und verschwanden.

Es konnte uns nicht entgehen, daß einige bei den 18-Uhr-Appellen fehlten. »Ach so«, hieß es dann bei uns, »auf der *Crusade* haben sie Cocktailstunde. Zu denken, was für einen Spaß sie jetzt haben müssen.« Gelegentlich gab es auch etwas zu lachen. Einmal bemerkte das Begleitfahrzeug, nachdem der Navigator der *Prospect of Whitby* seinen Schiffsort durchgegeben hatte: »Vielen Dank, *Prospect of Whitby,* das bringt Sie vierkant auf Alice Springs. Ich hoffe, Sie haben Spaß an der Karnickeljagd da oben.« Keine Frage, der Navigator auf der *Prospect* hätte gerne darauf verzichtet, Zielscheibe dieses australischen Spaßvogels zu werden. Ich finde, dieses höchst wirksam aufgezogene Meldesystem sollte bei allen Ozeanrennen eingeführt werden. Natürlich hat die Medaille auch ihre Kehrseite. Da ist der durch ein mitlaufendes Begleitfahrzeug für die ganze Veranstaltung entstehende Aufwand. Da sind die auf jedem Boot entstehenden Kosten für den Einbau einer leistungsfähigen Funksprechanlage. Doch sollte man diesen Aufwand nicht scheuen, wenn man dafür die Organisation der Ozeanregatten nachhaltig verbessern kann, und ich glaube nicht, daß es einen Skipper gibt, den die Kosten einer sochen Anlage abschrecken könnten, wenn er sie ins Verhältnis zum Gesamtpreis des Bootes setzt. Der andere Einwand betrifft eher die Regattataktik. »Warum sollen wir unseren Konkurrenten unseren Kurs und unsere Absichten unter die Nase reiben?« fragt so mancher Skipper. Dieser Gesichtspunkt hat in der Tat einiges für sich. Dagegen steht der Vorteil höherer Sicherheit und die Tatsache, daß die Regatten sowohl von den unmittelbar Beteiligten, wie von Interessierten an Land sehr viel intensiver erlebt werden. In Australien werden die Positionen der Boote nach jedem Meldetermin über den Rundfunk verbreitet, so daß das breite Publikum das Kampfgeschehen laufend verfolgen kann. Das bereits verschafft dem Sport Verständnis und Unterstützung. Es ist viel besser, ein für alle verbindliches Meldesystem einzurichten als ein freiwilliges. Freiwilliges Melden ist eine Sicherheitsmaßnahme für diejenigen, die sich daran beteiligen, es bringt ihnen allerdings auch Nachteile. Denn die Boote, die melden, offenbaren ihre Position an diejenigen, die ihre für sich behalten. Bei uns in England sollten wir diese Seite der Ozeanregatten noch gründlicher überdenken.

Unter unserem Spinnaker rauschten wir mit 7 bis 8 kn dahin. Manchmal surfte *Morning Cloud* auf den langen Seen; und Owen Parker schrie begeistert: »Das ist 'ne Dicke, gib ihm Saures, altes Mädchen!«, der Speedometer kletterte auf 10 kn, und der Zeiger schlug über das Ende der Skala aus. Von Zeit zu Zeit, nach einem langen Lauf, halsten wir und hielten uns so auf unserem Abstand von der Küste.

67 und eine halbe Stunde in einem hatten wir unseren großen Spinnaker oben,

»Morning Cloud« nach dem Sturm, aufgenommen von einem kleinen Flugzeug, das zufällig vorbeiflog.

– keiner von uns hatte wohl so je so lange vor dem Wind gesegelt. Dann, am vierten Tage in See, flaute der Wind um die Frühstückszeit allmählich ab, wir gingen auf den Leichtwetterspinnaker über, doch bald konnte der schwache Hauch auch ihn nicht mehr zum Stehen bringen. Jämmerlich hing er herunter. Wir waren bekalmt. Hier und da kam ein leichtes Lüftchen. Der Wind schien rund um den Kompaß laufen zu wollen. Wir versuchten es mit einer leichten Genua, aber nach kurzer Zeit kam diese leichte, launische Brise von achtern und wir versuchten es aufs Neue mit dem leichten Spinnaker. Nach einer Weile war es auch mit diesem bischen Wind vorbei und rings-

umher herrschte Totenflaute. Aber keiner von uns hatte das Gefühl, wie wir es oft beim Fastnet im vergangenen August im Englischen Kanal und in der Irischen See gehabt hatten, daß die Flaute stundenlang dauern würde. Wir spürten, daß eine drastische Änderung des Windes in der Luft lag und das machte uns unruhig.
Wir hatten unterwegs die Wetterberichte abgehört. Von Sydney an war die Möglichkeit starker südlicher Winde angesagt worden. Vor kurzem hatte unser Navigator die Wetterberichte von Tasmanien bekommen. Die im Norden sagten starke südwestliche Winde voraus – in Tasmanien kündigten sie Wind aus Südost an. Welcher würde kommen? Südostwind würde großartig in unseren Kram passen. Von unserem Standort weit draußen aus konnten wir damit am Wind in einem Schlag nach Tasmanien laufen und mit etwas Dusel kämen wir nicht weit nördlich von Derwent-River heraus, an dem Hobart liegt. Währenddessen müßten die dicht unter der Küste stehenden Boote mühsam zur tasmanischen Küste aufkreuzen. Sollte der Wind indessen von Südwesten kommen, hätten die Boote unter der Küste den Vorteil. Dann hätten wir einen langen Schlag von 20 Stunden und mehr zu machen, der uns in die Gegend der Nordostspitze Tasmaniens bringen würde, während die Boote in Küstennähe inzwischen die Flußmündung erreicht hätten. Das wäre der Preis für die Vorteile gewesen, die uns unser Kurs so weit draußen gebracht hatte.
Wir warteten ab und allmählich kam der Wind. Das Warten kam uns endlos vor; in Wirklichkeit konnte es kaum mehr als eine und eine halbe Stunde gedauert haben. Dann kam der Sturm von der Antarktis herauf über die tasmanische See.
Bis dahin war es wohl mit das angenehmste Segeln gewesen, das wir jemals erlebt hatten. Das Wetter war wunderbar. Wer keine Wache hatte, konnte an Deck sonnenbaden, und abends wurde es angenehm kühl. Das Boot lief vor dem Wind fast auf ebenem Kiel; in der Kombüse war leichtes Arbeiten. Während der ersten zwei Tage hatten wir unseren Frischproviant verbraucht und gingen dann auf Konserven und verpackte Lebensmittel über. Unser kleiner Salon war nur gut drei und einen halben Meter lang und an der breitesten Stelle etwa drei Meter breit. Trotzdem fühlte sich niemand beengt, und wir hatten keinen Verdruß mit nassen Sachen.

Nun, auf einmal, war alles anders geworden.
Der Wind kam von Südost – Gottseidank! Wenn er so beiblieb und das Boot in der schweren See am Laufen zu halten war, mußten wir unseren Landfall an der Küste Tasmaniens in brauchbarer Zeit bekommen.
Als der Wind zulegte, wechselten wir unser Vorsegel und steckten das erste Reff ins Großsegel – der Windanzeiger registrierte 8 Windstärken mit Böen von 10 und mehr. Wir waren inzwischen bei der Genua V angelangt und hatten das Großsegel bis zur Segelnummer weggerefft. So kämpften wir uns durch eine schwere See. Die Männer der Wache an Deck wurden von den überkommenden Seen und vom Gischt durchnäßt. Die Wolken kamen tiefer, die Sicht nahm ab und wurde gleich Null, als der Regen oder vielmehr der Hagel einsetzte. Die Hagelkörner prasselten wie Geschosse auf unsere Gesichter – und dann die Kälte! Nie zuvor hatte ich eine so bittere Kälte erlebt. Wir standen etwa 500 Seemeilen südlich von Sydney. Es wurde hier viel früher dunkel und bald war es finster.
Unten im Boot war das Leben alles andere als leicht. Das Kochen in unserer kleinen Kombüse wurde durch die starke Steuerbordschlagseite fast zur Unmöglichkeit – allerdings war auch niemand besonders scharf auf Essen. Alles Zeug war patschnaß und es war auch kaum Platz, es beiseite zu legen. Dann entdeckten wir zu unserem Schrecken, daß das Wasser in den Bilgen ständig zunahm und schon über die Bodenbretter gestiegen war. Woher kam es? Wir konnten keine einleuchtende Erklärung finden. Offenbar war der Bootskörper vollkommen in Ordnung. Hatten sich die Kielbolzen lose gearbeitet und ließen Wasser ins Boot? Und wenn dem so war, konnten wir uns noch auf unseren Kiel verlassen? Oder kam das Wasser irgendwo anders her?
Wir pumpten mit der Lenzpumpe, aber das brachte nichts. Reichte das Wasser in der Bilge infolge unserer starken Lage nicht an den Saugekorb heran? Das schien der Fall zu sein, als wir der Sache nachgingen. Da gab es nur eines: ausösen und nicht weich

werden, solange das Wetter anhielt. Ich machte mich mit einem von der Freiwache ans Werk, und wir hörten nicht auf damit. Das bescherte uns ein neues Problem. Zum Ausleeren der Pützen mußten wir das Niedergangsluk öffnen. Wenn wir das unglücklicherweise in einem Moment taten, in dem eine See über das Boot wusch, kam ein Schwall Wasser nach unten und spülte über Kombüse, Kojen und Kartentisch. Nicht lange, und es war unten ebenso naß wie oben an Deck. Mit dem Ösen konnten wir das Wasser halten. Der Sturm wurde schlimmer. Boot und Besatzung bezogen schwere Prügel.

Die Wachen gingen nach dem bei uns üblichen Stropp mit vierstündiger Ablösung. Zwei Mann waren jeweils auf Wache; der Navigator und ich waren wachfrei, um immer verfügbar zu sein. Von Zeit zu Zeit sprangen wir für einen der Wachgänger ein. Als draußen für uns weniger zu tun war, gingen wir eine zweistündige Zwischenwache, so daß die Wachen abwechselnd sechs Stunden hintereinander Schlaf bekamen. Nun ließ ich den Wachstropp wieder ändern. Der harte Wind und die bittere Kälte machten den Aufenthalt im Cockpit derart schlimm, daß kein Rudergänger eine ganze Wache lang am Ruder durchhalten konnte. Der andere Mann der Wache, neben ihm zusammengekauert, war auch nicht besser dran. Ich änderte die Reihenfolge der Rudergänger in der Weise, daß sie eine Stunde steuerten und drei Stunden frei hatten. Selbst eine Stunde war unter solchen Umständen kaum erträglich. Als Notmaßnahme funktionierte das, doch wurde es für die Crew schwieriger, mit den sonst noch anfallenden Arbeiten fertig zu werden.

In dieser Nacht, nach 12 Stunden Sturm, machten wir bei der Halbinsel Freycinet unseren Landfall an der tasmanischen Küste. Das war ein ganzes Stück weiter nördlich als ich gehofft hatte, aber die Crew meinte, wir wären ganz gut hingekommen. Dann mußten wir ungefähr 60 Seemeilen an der Küste herunterkreuzen, bis wir in den Eingang der Storm Bay abfallen konnten. Der Sturm stand durch, aber gegen Hellwerden schien er langsam abflauen zu wollen. Wir konnten ein größeres Vorsegel setzen. Als die See abnahm, kam weniger Wasser ins Boot, und wir brauchten nicht mehr so oft zu schöpfen.

Wir konnten die Küste deutlich sehen. Die Landmarke, nach der wir suchten, ist unter dem Namen »Orgelpfeifen« bekannt, eine hochragende Felsformation, die senkrecht zum Wasser abfällt und aussieht wie eine Reihe von Orgelpfeifen. Der Wind weht über sie hinweg und stürzt mit zunehmender Geschwindigkeit nach unten. Das war eines der Dinge, vor denen uns Tryg Halvorsen Weihnachten gewarnt hatte. »Haltet Euch entweder ganz dicht dran«, sagte er, »oder haltet Euch nach draußen. Wenn Ihr das nicht tut, riskiert Ihr, von den Fallböen, die von den Orgelpfeifen herunterkommen, aufs Ohr gelegt zu werden.« Es hatte für uns keinen Sinn zu versuchen, unter Land zu gehen. So entschlossen wir uns, nach draußen zu halten, und mit dem inzwischen nach Süden herumgegangenen Wind konnten wir die Storm Bay anliegen. Es war zu dieser Zeit, daß wir hörten, wir hätten die Aussicht zu gewinnen. Was dann kam, habe ich schon erzählt.

Als wir über die Ziellinie liefen, waren wir einige Minuten länger als vier und einen viertel Tag in See gewesen. Das ergab eine berechnete Zeit von drei Tagen, vier Stunden, 25 Minuten und 57 Sekunden und brachte uns 51 Minuten und 22 Sekunden vor das nächste Boot, Arthur Slaters *Prospect of Whitby*. Unter der Annahme, daß wir etwa 700 Seemeilen von Sydney nach Hobart gesegelt waren, kamen mithin für das ganze Rennen eben über vier und eine halbe Sekunde je Seemeile heraus. Nicht viel! Eine schlechte Wende, ein mißlungenes Manöver, ein Fehler in der Navigation, und wir hätten unsere Vorgabe nicht herausgesegelt.

Die Gastfreundschaft in Tasmanien war überwältigend. Unsere Gastgeber hätten es um ein Haar geschafft zu verhindern, daß wir unser Boot zum Rücktransport nach England fertig bekamen. Beim Ausräumen stellten wir fest, daß sich tatsächlich die Kielbolzen ein wenig gelockert hatten. Man konnte eben das Licht zwischen Kiel und Rumpf durchschimmern sehen, aber damit allein war die Menge des Wassers, die ins Boot gekommen war, nicht zu erklären. Erst zu Hause fanden wir heraus, daß das Wasser durch die Abflußrinnen längs der Backskistendeckel im Cockpit eingedrungen war. Eine kleine Änderung brachte das in Ordnung. Außerdem stellten wir fest, daß der Patentbolzen, mit dem das Vorstag am Vorsteven gehalten wird, gebogen war wie ein gekrümmter Finger und gerade noch gehalten hatte. Hätte er nachgegeben, wäre das Vorstag herausgerissen worden und der Mast gebrochen.

Die Preisverteilung durch den Gouverneur in der überfüllten City-Hall war ein großes Ereignis. Für die *Morning Cloud* erhielten wir neun Preise, dabei eine Nachbildung des Sydney-Hobart-Preises. Quantas war so nett, das alles für uns nach England zu fliegen.

In einer kurzen Ansprache sagte Max Aitken, es sei das am besten organisierte Race gewesen, das er je mitgemacht hätte. Das war uns allen aus dem Herzen gesprochen. Bei meinen kurzen Worten unterstrich ich, die günstigen Auswirkungen, die solch ein Wettkampf auf die Beziehungen zwischen unserem Land und Australien im besonderen und für die Freundschaft im Commonwealth überhaupt haben könnte. Ich hatte das Gefühl, daß die Australier uns vielleicht nicht mehr als so ein dekadentes Volk ansahen. Leider genügte unser Erfolg nicht, den Southern Cross Cup für das britische Team zu gewinnen. Wäre *Morning Cloud* nicht Reserve-, sondern Teamboot gewesen, hätte es gereicht.

Anschließend flog ich nach Canberra, um einen Tag mit John Gorton, dem australischen Premierminister, und seiner Gattin und Familie in deren Heim zu verbringen. Dann flog ich nach Indonesien.

In Djakarta traf ich zum ersten Male mit dem neuen Präsidenten und dem Außenminister zusammen. An der freundschaftlichen Einstellung der Regierung England gegenüber bestand kein Zweifel; man wollte gern, daß unsere Firmen sich in Indonesien wieder niederließen und wünschte ein Ende der Auseinandersetzungen zwischen Indonesien, Malaysia und Singapore herbei. Ein Jahr zuvor hatte ich im Presseclub in Canberra gesprochen und die Pläne der Konservativen für die Wiederaufnahme unserer traditionellen Rolle im Fernen Osten umrissen im Falle, daß wir wieder an die Regierung kämen. Der Präsident hatte vom Standpunkt Indonesiens her keinen Einwand dagegen; vielmehr begrüßte er sie als einen Beitrag zur Stabilität in diesem Raum.

Mir persönlich bescherte dieser Besuch ein neues Hobby. In Djakarta fing ich an, chinesisches Porzellan und Keramik, vornehmlich Zeladon, zu sammeln. Unser damaliger Botschafter und auch der British Council Representative waren wohlunterrichtete Enthusiasten auf diesem Gebiet. Im Januar 1970 begann man eben erst zu entdecken, welcher Reichtum an chinesischem Kunsthandwerk sich in Indonesien angesammelt hatte, das jahrhundertelang ein Exportmarkt für Südchina gewesen war. Ein paar dort ansässige Sammler hatten sich auf einigen der vielen, vielen Inseln, aus denen Indonesien besteht, umgesehen. Sie fanden dort Schätze, die immer noch im täglichen Gebrauch waren. Häufig kauften sie die Sachen über die Dorfgemeinden ein und bezahlten sie mit einem kleinen Boot oder mit sonst für die Gemeinde nützlichen Sachwerten. Außer einer Anzahl von kleinen Zeladon-Tassen und -Krügen konnte ich für nur ein paar Pfund eine schöne Swatau-Schale (von ca. 1590), etwa 40 cm im Durchmesser, kaufen, die wir sorgfältig verpackten und mit nach Hause nahmen. Als ich einige Monate später Premierminister geworden war, stand sie bei mir in der Downingstreet 10 auf dem Tisch. Jedesmal, wenn ich sie ansah, erschien mir ihre Geschichte mit einer besonderen Romantik verwoben. Vor mehr als 350 Jahren hatte ihr ein Töpfer in Südchina in liebevoller Arbeit ihre Form gegeben und dann war sie über die alten Handelswege auf die indonesischen Inseln gekommen. Dort wurde sie in irgendeiner Familie tagein, tagaus benutzt, bis sie ein Händler auf der Suche nach Schätzen entdeckte und in die Hauptstadt des neugegründeten, erst kürzlich selbständig gewordenen Landes brachte. Von da aus reiste sie im modernsten Verkehrsmittel um die halbe Erde, um schließlich auf dem Tisch eines britischen Premierministers zur Ruhe zu kommen. Welcher Töpfer hätte wohl für seine Schale eine solche Zukunft erahnen können? Aber leider, als ich vier Jahre darauf aus der Downingstreet 10 in mein Haus umzog, ging sie in Scherben. Es brach mir fast das Herz. Und das ist das Ende jener kostbaren Schale aus der Mingzeit.

Der Premierminister von Singapore, Lee Kuang Yew, war anregend wie immer und sehr bedacht darauf, daß ich die enorme Entwicklung zu sehen bekäme, die seit

Hektisches Klarmachen zur letzten Halse vor dem Ziel in Hobart.

meinem letzten Besuch vor vier Jahren auf der Insel stattgefunden hatte. Mächtige neue Wohnungsprojekte waren fertiggestellt und große moderne Hotels aus dem Boden gestampft worden.
Eine umfangreiche Industrialisierung machte gute Fortschritte. Das war alles großartig, hielt mich aber nicht davon ab, wieder zu dem Platz hinauszufahren, der mich schon früher bezaubert hatte, der Orchideenfarm im Norden der Insel. Dort gedeiht nicht nur fast jede Orchideenart im Freien, man kann sie auch an seine Freunde in aller Welt verschicken lassen. Man sucht seine Blumen aus, und in weniger als 36 Stunden können sie ein Zimmer in London schmücken.
Es folgte mein erster Besuch in Hongkong. War Singapore erregend gewesen, so war Hongkong atemberaubend. Ich hatte mich zuvor nicht mit der Kolonie befaßt und stellte mir darunter einen etwas öden Felsen vor, so etwas wie Gibraltar, mit Slums, die das neue Gelände auf den Festland überwucherten. Ich war von der Schönheit, die über dem Ganzen lag, überwältigt, von der Großartigkeit der Skyline, dem Ausmaß moderner Entwicklung und der vortrefflichen Organisation. Vor allem beeindruckte mich, wie es gelungen war, mehr als zweieinhalb Millionen Flüchtlinge in das Leben eines räumlich dermaßen begrenzten Gemeinwesens zu integrieren. Die meisten waren in eigens für sie vorgesehenen Hochhäusern untergebracht, und auch für ihre sonstigen Bedürfnisse war gesorgt worden. Ein Besuch in den wenigen noch bestehenden Slums auf einer Anhöhe nahe dem Meer, wo das Wasser durch Dächer und Wände triefte, zeigte, was noch zu tun war. Doch kann das den bemerkenswerten Erfolg, der auf der Insel schon erreicht war, nicht schmälern. Im Laufe von drei Tagen konnte ich nicht nur mit verschiedenen politischen und Verwaltungsstellen in Kontakt kommen, sondern auch mit zahlreichen Bürgern der Stadt reden; mit vielen von ihnen bin ich noch freundschaftlich verbunden. Auch den Hongkong-Yachtclub darf ich nicht vergessen, der mich so außerordentlich gastfreundlich aufnahm und der seitdem immer in Verbindung mit mir geblieben ist. Ich freute mich, daß Hongkong 1975 ein Team zum Admiral's Cup in Cowes stellen konnte.
In Hobart hatten mich viele Leute gedrängt, – und dabei offenbar meinen politischen Verantwortlichkeiten kein allzu hohes Gewicht beigemessen – mit *Morning Cloud* das Hobart-Auckland-Race mitzusegeln, das Anfang Januar gestartet wurde. »Dann«, sagten sie, und ihre Stimme nahm einen lockenden Klang an, »können Sie das Boot nach Hongkong bringen und im März die Regatta Hongkong–Manila mitmachen.« Nach Manila, versuchte man uns beizubringen, könnten wir dann über den Pazifik segeln, durch den Panamakanal gehen und am Transatlantikrennen teilnehmen, um noch rechtzeitig zur Coweswoche in England einzutreffen. Für alle diese Segler war das offenbar weiter nichts als eine selbstverständliche und angenehme Regattasaison. Arbeit – und wohl auch Politik – ist in der Tat der Fluch der segelnden Klasse!

Und so flogen wir heim, noch rechtzeitig zur Bootsausstellung. Dort war es, daß ich mit der Crew im Cockpit eines Schwesterschiffes der *Morning Cloud* eine der besten und sicher erfreulichsten Fernsehsendungen machte, an denen ich jemals teilgenommen habe – der »Sports Night with Coleman«. Es war bestimmt das erste Mal, daß das Hochseeregattasegeln beim Fernsehen einen solchen Rang erhielt. Hatten wir womöglich einen Treffer gelandet?

Die Preise, die wir beim 25. Sydney-Hobart-Race gewonnen haben. In der Mitte der eigentliche Sydney-Hobart-Preis, von dem der Gewinner eine Nachbildung erhält.

»Harold, (Wilson), mußt du schon wieder mogeln?!«

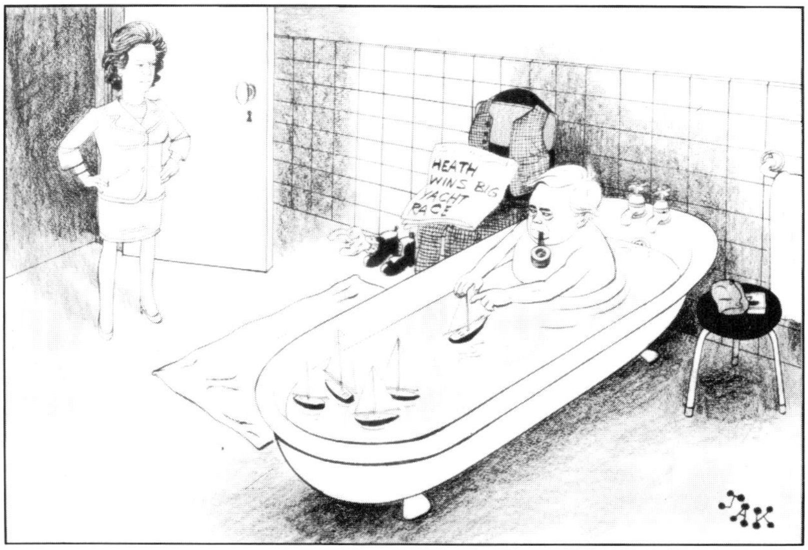

7

Die zweite »Morning Cloud« vor Cowes hart am Wind, am Ruder der Verfasser.

DIE ZWEITE MORNING CLOUD

ADMIRAL´S CUP 1971/72

Was sollten wir als Nächstes tun? In der 1970er Saison mußten wir noch bei *Morning Cloud* der Ersten bleiben. Sie kam im März von Australien in Dünkirchen an, und Owen Parker segelte sie mit einigen von der Crew zum Solent herüber. Dort segelten wir mit einigem Erfolg und viel Spaß bis Ende August Regatten; dann nahmen wir sie hinüber an die Ostküste zur Burnham-Woche, bei der wir noch mehr Spaß hatten als sonst. Rodney Hill segelte nicht mehr die *Morning After;* er hatte sich die *Morningtown* gekauft, ein großes Boot, jenen Eintonner, nach dem wir alle genannt waren. Das Wettsegeln gegen ihn machte nicht mehr das gleiche Vergnügen wie vorher, als wir beide S&S-34-Boote segelten, immerhin merkten wir, daß wir mit ihm mithalten konnten, solange es nicht mehr als 3–4 Bft wehte. Wurde es mehr, brauste er uns davon.
Die wichtigste Regatta der Burnham-Woche ging um den Town-Cup, der am Sonnabend ausgesegelt wird. Er ist nur für die größeren Boote offen, eine für uns Kleine etwas ärgerliche Angelegenheit. Die Stadt beharrt jedoch auf ihrem Standpunkt, daß der Cup Handel in die Stadt ziehen solle, und daß sie dazu die großen Boote brauche; für sie müsse es einen solchen Anreiz geben. Für uns gibt es den Commodore's Cup, von geringerem Status und Prestige, der aber gewöhnlich über die gleiche Bahn gesegelt wird. Dabei kam es zu einem höchst sonderbaren Vorfall, der meines Wissens wirklich einmalig ist. Und zwar spielte sich folgendes ab:
Die großen Boote starteten zuerst; wir sahen, wie einige von ihnen flußabwärts ein Stück über die Startlinie hinausliefen; dann gingen sie auf Gegenkurs, kamen an der Steuerbordseite schnell zurück, wendeten nach Überlaufen der Startlinie alsbald auf die Backbordseite hinüber, um unter dem Nordufer des Flusses einen schnellen Start zu haben. Die Tatsache, daß einige von ihnen nicht richtig zeiteten und einen Frühstart machten, änderte nichts daran, daß wir dieses Verfahren für die beste Taktik hielten. Wir machten einen Probestart, um unseren Zeitablauf richtig hinzubekommen und liefen dann flußabwärts zum Start an. Unser Vorbereitungsschuß war gefallen, und wir befanden uns nach den Wettsegelbestimmungen im Rennen. Anthony Churchill, auch dieses Mal unser Navigator, hatte eben gerufen: »Noch eine und eine halbe Minute«, als, für uns unerklärlich, zwei Schüsse fielen. Ich saß am Ruder und dachte gerade, wir hätten den Anlauf zum Start einigermaßen hinbekommen, als ich durch diese plötzliche Störung überrascht wurde. »Was, zum Teufel, soll das bedeuten?« rief ich zu Anthony herüber und drehte gleichzeitig auf. »Muß Startverschiebung bedeuten«, war die erste Antwort und gleich darauf: »Kann nicht sein. Das hätten sie vor dem Vorbereitungsschuß machen müssen.« – Zustand! – »Wir segeln weiter«, rief ich, drehte hart nach Backbord und lief ein paar Sekunden später über die Linie; unser tadellos angelegter Start war verpatzt. »Ist vielleicht eine Bahnänderung?« meinte einer. »Also gut, guck schnell mal auf die Anzeigetafel«, rief ich Anthony zu, »haben sie etwas geändert? Und dann fix das Regattaprogramm her!«
Die Bahn für den Town's Cup und die für den Commodore's Cup geht gewöhnlich 36 bis 38 Seemeilen auf die Nordsee hinaus. Ein Adlerauge der Crew meinte gesehen zu haben, daß die Bahnbezeichnung auf dem Startschiff vor dem Vorbereitungsschuß geändert worden sei. Wir sahen die von ihm erkannten Buchstaben im Programm nach und fanden, daß sie nur eine ganz kurze Bahn, ein paar Seemeilen aus dem Fluß heraus und dann wieder zurück, bezeichneten. »Das kann nicht stimmen«, sagte ich, »was Ihr auch sagt, wir müssen die große Bahn segeln.« »Außerdem«, fügte Anthony hinzu, »es gibt keine Bahnänderung mehr nach dem Vorbereitungsschuß.« »Dann ist alles klar«, sagte ich, »wir müssen die große Bahn segeln. Wir reden nicht mehr darüber und legen los. Wenn die Regattaleitung einen Fehler gemacht hat, und wir sind im Recht, dann können wir nachher protestieren.«
Als wir die Flußmündung erreicht hatten, hatten wir uns beruhigt; *Morningtown,* die bei dem frischen Wind gut lief, war das einzige Boot vor uns. In Nähe der Boje angelangt, die die Wendemarke für die kleine Bahn war, sahen wir, daß *Morningtown* ihren Spinnaker klarmachte. »Mein Gott«, sagte ich, »sie geht um die Boje und setzt ihren Spinnaker; sie segelt kurze Bahn.« Wieder brach ein heftiges Hin und Her aus, und ich bat Anthony Churchill, noch einmal im Programm nachzusehen. Er kam an Deck mit der Antwort, daß die beiden Schüsse eine Bahnänderung für den nächsten Start nach

Die lange Prozession auf dem River Crouch bei der Rückfahrt nach Burnham. Erste »Morning Cloud«, September 1970.

uns gewesen sein mußten; weil sie vor ihrem, aber nach unserem Vorbereitungsschuß geschossen wurden. Damit bestätigte sich unsere Ansicht. Wir mußten weitersegeln.
Inzwischen hatte Rodney Hill auf der *Morningtown* die Boje gerundet, setzte seinen hellblauen Spinnaker tadellos und segelte uns auf seinem Wege flußaufwärts entgegen und nach Hause zum Sieg – wie er meinte. Blitzschnell rief Owen Parker Duncan Kay, der auf dem Vorschiff war, zu: »Hol' schnell den Spinnaker rauf, Beeilung!« Duncan sauste los, und ich wunderte mich, was in aller Welt er wohl vorhätte. Er kam mit dem Behälter für das Segel – wir nannten ihn »Schildkröte« – herauf.
»Geh' damit über Deck, wenn wir *Morningtown* passieren,« sagte Owen und Duncan setzte sich betont auffällig in Richtung Vorschiff in Bewegung. Rodney Hill am Ruder der *Morningtown* zeigte uns sein breitestes Grinsen, als er an uns vorbeisegelte. Kaum war er vorbei, als unser Spinnaker wieder verstaut wurde. Wir ließen die Boje liegen und gingen auf die lange Bahn. Wir waren nun sehr gespannt, was die übrigen Boote tun würden. Würden sie hinter der *Morningtown* herlaufen und die Marke runden, oder würden sie uns folgen?
Das Boot hinter uns war unser Schwesterschiff, die *Ailish,* immer gut gesegelt und ein scharfer Konkurrent. Beim Start hatten wir gesehen, daß einer der Bootsbauer aus dem Ort mit an Bord war, einer, der alles wußte, was man über das Regattasegeln auf dem Crouch wissen muß. »Du lieber Himmel«, kam es von Anthony Churchill, »sie bringen den Spinnaker nach vorn. Also, wenn die auch denken, es wäre kurze Bahn, sind wir die Dummen.« Die Crew guckte womöglich noch unruhiger zu ihm hinüber. Wie erleichtert waren wir, als *Ailish* an der Boje vorbeilief, und der Mann auf dem Vorschiff den Spinnaker wieder nach hinten brachte! Sie hatten *Morningtown* genauso angeführt, wie wir es getan hatten.
Nur ein Boot kam noch hinter der *Ailish* her. Alle übrigen gingen um die Boje, setzten ihre Spinnaker und segelten nach Hause; sie kamen fast noch zum Lunch zurecht. Wir drei gingen auf die lange Bahn. Um etwa vier Uhr am Nachmittag hörte mein Navigator eine klägliche Stimme über den Polizeifunk: praktisch das ganze Regattafeld sei schon vor Stunden durchs Ziel gegangen. Ob bei uns alles in Ordnung wäre und wann wir wohl zurückkämen?
Ich ließ Anthony kurz und bündig antworten: »Ungefähr in einer Stunde, wenn wir die Regattabahn abgelaufen haben.« Eine und eine halbe Stunde segelten wir mit gesetzter Protestflagge den Fluß hinauf, bereit, gegen die gesamte Flotte zu protestieren, wenn es sein mußte. Es mußte nicht sein. Meine Sicherheitsmänner kamen mit dem Motorboot heraus, um uns willkommen zu heißen, ein erleichtertes Lächeln auf ihren Gesichtern. »Alles in Ordnung«, sagte einer von ihnen, » alle, die vor Ihnen waren, haben inzwischen aufgegeben. Sie sind die verkehrte Bahn gesegelt. »Da mußte ich plötzlich an das denken, was Rodney Hill mir gesagt hatte, als ich zum ersten Male nach Burnham kam. »Ich weiß, Sie sind noch ziemlich neu in diesem Spiel. Das allerwichtigste, wenn Sie hier oben in Burnham Regatta segeln, ist, die Regeln zu kennen. Wenn ich Ihnen einen Rat geben darf, Sie müssen sie in- und auswendig kennen.« Fürwahr, ein guter Rat, dachte ich, als ich an diesem Abend den Commodore's Cup entgegennahm.
Im Juni 1970 wurde für mich alles anders. Die Konservativen hatten die Wahlen gewonnen, und ich wurde Premierminister. Alsbald drang man in mich, meinen Wagen nicht mehr selbst zu fahren, was ich akzeptierte. Nach Einbau der erforderlichen Fernmeldemittel und mit dem Sicherheitsbeamten auf dem Vordersitz war im Wagen nicht mehr viel Platz für anderes. Man wollte auch, daß ich keine Seeregatten mehr segelte, wegen der dadurch entstehenden Sicherheitsprobleme und, weil das für einen Premier zu gefährlich sei. Das lehnte ich glatt ab. Damit ergaben sich zwei Probleme: wie konnte ich gesichert werden, wenn ich auf See Regatta segelte und wie war dabei die unmittelbare Verbindung zur Downingstreet 10 sicherzustellen? Man steckte die Köpfe zusammen und kam mit zwei Vorschlägen.
Die Fernmeldeverbindungen waren noch das Einfachste. Geräte standen zur Verfügung, wogen freilich eine Menge. Wir hatten doch alles getan, um jedes überflüssige Pfund im Boot einzusparen, und so bedeutete es einen ziemlichen Nachteil, eine

doppelte Funkausrüstung mitschleppen zu müssen. Doch hatten wir uns damit abzufinden, und die Fachleute gaben sich große Mühe und kamen von Zeit zu Zeit mit leichteren Geräten.
Schwieriger war es schon mit durchgreifenden Sicherheitsmaßnahmen. Ein erster Vorschlag ging dahin, ich sollte immer mindestens einen, besser zwei Sicherheitsbeamte an Bord haben. Wenn das etwa zwei zusätzliche Männer bedeutete, sagte ich, dann wäre das nicht drin, auch wenn man zu diesem Dienst zwei erstklassige Segler abstellen könnte, denn das hieße, mich von zweien meiner Crew zu trennen und das wäre genauso wenig drin. Wie wäre es, hieß es weiter, wenn eine Fregatte ständig mit uns mitliefe? Das, sagte ich, wäre bei unseren Unternehmungen nicht eben das beste für die Public Relations: und was wäre mit dem Swell, den dieses Fahrzeug machte, der würde uns und andere Boote stören. Dann kam ein ständig über uns hovernder Hubschrauber ins Gespräch. In Ordnung, antwortete ich, sofern sein Abwind unsere Konkurrenten durcheinanderbrächte, uns aber ungeschoren ließe; doch würden wir den Krach 220 Seemeilen lang auf einer Regatta aushalten? Auch würde so etwas uns nicht gerade sehr beliebt machen.
Am Ende einigten wir uns doch. Es sollte in unserer unmittelbaren Nähe keine Sicherheitsmaßnahmen geben, es sei denn, es lägen besondere Umstände vor. Tatsächlich wurden entsprechende Vorkehrungen beim zweiten Fastnet-Race des folgenden Jahres in der Luft und auf dem Wasser getroffen. Sie waren unauffällig und funktionierten vortrefflich. Sollte es nötig werden, eilends nach Nr. 10 zurückzukehren, konnte man uns bei unseren erstklassigen Funkverbindungen jederzeit einen Hubschrauber schicken, um mich von Bord zu holen. Doch war auch das nicht problemlos und gab uns etwas zum Lachen. Man erklärte mir, wie die Sache vor sich gehen sollte. Wenn der Hubschrauber käme, würde er seine Leiter herunterlassen und ein Mann der Besatzung herunterklettern. Wir würden uns zusammen an der Leiter festbinden und dann mit der Winsch in den Hubschrauber hochgeholt werden. So weit, so gut. »Aber was passiert mit *Morning Cloud,* während das alles vor sich geht?« fragte Owen Parker. »Oh, ich denke doch, Ihr werdet Segel bergen, solange das Manöver dauert«, war die Antwort. – »Was, und wir verlieren unbezahlbare Minuten in der Regatta, wenn Ihr den Skipper wegholt? Nicht im Leben! Wenn Ihr den Skipper haben wollt, schmeißen wir ihn im Schlauchboot über Bord, dann könnt Ihr ihn aufpicken und wir segeln unseren Race weiter«, erklärte Owen Parker mit fester Stimme. Zum Glück kam es nie dazu, aber die Crew von *Morning Cloud* war wild entschlossen, keinesfalls ihre Regattachancen zu opfern.
Wir fingen nun an, über die Zukunft nachzudenken. Es war immer noch die Frage, was wir als nächstes tun sollten. Laßt uns den Admiral's Cup segeln, drängte die Besatzung verständlicherweise. Der Admiral's Cup ist jünger als der America's Cup, der ein Wettkampf für die 12-m-R-Boote vor Newport, Rhode Island, an der amerikanischen Ostküste ist. Seit mehr als 100 Jahren haben ihn immer amerikanische Boote gewonnen. Das eigentliche Rennen besteht aus einer Regattaserie zwischen nur zwei Booten, die sich in vorhergegangenen Ausscheidungskämpfen qualifiziert hatten. Der Admiral's Cup wurde erst vor 18 Jahren (1957) zum ersten Male gesegelt, ist jedoch bereits als die Haupttrophäe in der Welt der Hochseeregattasegler anerkannt. Er ist für Länderteams von je drei Booten offen und wird alle zwei Jahre in englischen Gewässern gesegelt. Das immer gleiche Programm umfaßt das Channel-Race über etwa 200 Seemeilen am ersten Wochenende der Cowes-Woche, darauf folgen zwei 30-Seemeilen-Regatten auf dem Solent an zwei verschiedenen Tagen der eigentlichen Cowes-Woche und zum Schluß das 605 Seemeilen lange Fastnet-Race von Cowes zum Fastnet-Rock vor Südirland und zurück nach Plymouth. Die Kurzregatten bringen einen Punkt, das Channel-Race zwei und das Fastnet drei Punkte. Zur Zeit schicken 15 bis 20 Länder ihre Teams zu diesem Wettbewerb.
Die erste *Morning Cloud* war zu klein, um für das Team zum Admiral's Cup in Betracht zu kommen. Wenn wir mitmachen wollten, müßte es mit einem neuen Boot sein. Uffa Fox, der an unserem Ergehen immer großen Anteil genommen hatte und uns jedesmal vom Balkon seines Hauses, von dem aus er die Festmacherbojen vor Cowes überblicken konnte, beobachtet hatte, wenn wir von einer Regatta zurückkamen,

Sieger der ersten »Morning Cloud«. Nach Gewinnen des Commodore's Cup, Burnham 1970. Von links nach rechts: Peter Dove, Anthony Churchill, Verfasser, George Stead, Owen Parker, Duncan Kay.

Der Ramsgate-Gold-Cup,
gewonnen im August 1970.

sagte mir, ich brauchte ohnehin ein größeres Boot. Jedesmal, wenn er an unserem Boot beim Einlaufen irgendetwas entdeckte, was nicht in Ordnung war, winkte er mich zu sich herauf, um mir schonungslos seine Meinung über das Boot und die Besatzung zu sagen. Bei einem dieser Gespräche gab er mir den Rat, ein Boot von mehr als 40 Fuß Länge über alles – sechs Fuß mehr als die *Morning Cloud* – anzuschaffen, denn es käme darauf an, sagte er, etwas zu haben, das den Südweststürmen, die über den Atlantik kommen, gewachsen wäre. »Und hören Sie meinen Rat«, fügte er hinzu, »nehmen Sie ein Holzboot und lassen Sie es bei Clare Lallow gleich hier nebenan bauen.« Das war ein guter Rat, doch nun galt es, in die Einzelheiten zu gehen.

Etwa zu dieser Zeit schickte mir ein Freund aus Amerika ein Buch mit dem Titel »Wir verteidigen den America's Cup«. Darin war der vollständige Bericht über den Sieg der *Intrepid* zu lesen von dem Augenblick an, in dem der Leiter des erfolgreichen Syndikats den Gedanken hatte, eine Organisation zur Unterstützung des Bootes für die Teilnahme an den Ausscheidungen zu schaffen, bis hin zu dem Augenblick, in dem die siegreiche Crew nach alter Sitte ins Wasser geworfen wurde. Ich war gefesselt von dem Buch. Es beschrieb bis ins einzelne die Gespräche zwischen dem Syndikatsleiter und seinen Kollegen über die Finanzierungsmöglichkeiten, die Besprechungen mit Olin Stephens über den Entwurf des Bootes und die am Ende erfolg-

Die erste »Morning Cloud« läuft zum Schluß des Round-the-Island-Race, 1970, der Ziellinie entgegen. Ich habe die Pinne nicht deshalb so sehr an mich gezogen, weil das Boot zu luvgierig war, sondern weil ein Bolzen abgeschoren war; aber es hielt bis zum Schluß.

reichen Bemühungen, Bus Mosbacher zu überreden, das Boot zu steuern. Die Ausrüstung war in allen Einzelheiten aufgeführt und auch die Schwierigkeiten wurden berichtet, die man beim Einfahren des Bootes hatte. Am interessantesten vielleicht die Überlegungen über das Zusammenwachsen der Crew; wie Mosbacher sie auswählte, sie in der langen Trainingszeit behandelte, ihre Moral hochhielt und sie schließlich zu erfolgreichen Streitern machte. Ich lernte viel aus diesem Buch. Später, als Bus Mosbacher Protokollchef des Weißen Hauses geworden war, schickte er mir das Buch mit seinem Autogramm.

All das bestimmte unseren Entschluß; die neue *Morning Cloud* mußte eine Rennmaschine werden. Alles hatte sich diesem Zwecke unterzuordnen. Alles nicht unbedingt Notwendige mußte geopfert werden. Ich setzte Olin Stephens auseinander, was wir haben wollten und bat ihn, ein paar Entwürfe zu machen. Wir dachten an ein Boot für den Admiral's Cup von 40 bis 41 Fuß Länge über alles mit einer Einrichtung an Deck und unten, die wir uns überlegt hatten. Vor allem wollten wir einen Flushdecker – mit anderen Worten ein glattes oder doch beinahe glattes Deck ohne die sonst üblichen Aufbauten. Diese Forderung brachte das Problem ausreichender Raumhöhe mit sich und auch das genügender Helligkeit in den Innenräumen, da es beim glatten Deck keine Bulleyes oder Fenster geben kann, wie sie sonst in den Deckshäusern vorhanden sind. Olin sagte, er würde das machen können, auf jeden Fall sei ein Flushdecker stärker als ein Boot mit den üblichen Aufbauten. Wir hatten uns auch ein Cockpit ausgedacht, in dem fast sämtliche Winschen so angeordnet waren, daß sie von dort bequem zu bedienen waren, ohne daß es notwendig war, dazu auf das Deck hinaus und an den Mast zu gehen. Das sprachen wir mit Rod Stephens bis in die letzten Einzelheiten durch, der dabei einmal wieder seine unheimliche Nase bewies, jeden Vorschlag bis zu Ende klar durchdachte, die möglicherweise darin steckenden Klinken erkannte; und oft genug brachte er noch Verbesserungen hinein.

Wir hatten auch sehr eingehend über die Winschen nachgedacht. Wir wußten, daß es auf dem größeren Boot viel bringen würde, wenn wir je ein gegenüberliegendes Winschenpaar gemeinsam betätigen könnten. Das hieß, man mußte sie zusammenkuppeln und auch wieder trennen können. Zwei von der Crew arbeiteten bei der Firma, die die Winschen für die erste *Morning Cloud* geliefert hatte und die auch die Winschen für die zweite liefern würde. Man sagte uns die Entwicklung von gekuppelten Winschen in der von uns angegebenen Art zu, wenn ich die Kosten trüge, dafür hätte ich dann das Alleinbenutzungsrecht beim nächsten Admiral's Cup. Diese Winschen erwiesen sich als überaus erfolgreich und waren für nicht wenige Segelkameraden Gegenstand des Neides. Die erste Ausführung waren gekuppelte Zweigang-Winschen, die später auf unsere Anregung hin zu Dreigang-Winschen weiterentwickelt wurden und schließlich zu einer gekuppelten Dreigang-Winsch mit Pedalantrieb für die vierte *Morning Cloud.* Auf diesem Boot hatten wir auch die ersten selbstsperrenden Winschen für die Großschot, die eine englische Firma herausbrachte. Ein Beispiel für erfolgreiche Zusammenarbeit zwischen der Besatzung eines Hochseeregattabootes und dem Hersteller. Wir hatten den Vorteil, andere Boote zogen nach und unser Land war um einen Exportartikel reicher, als es sich überall herumgesprochen hatte, was diese gelungengen Entwicklungen den verschiedenen *Morning Clouds* gebracht hatten.

Unter Deck wollten wir nur das für Regatten allernotwendigste haben. Anthony Churchill hatte die achtern gelegene Navigationsecke entworfen. In der kleinen Kombüse gegenüber konnte auch bei dem schlimmsten Wetter noch gekocht werden. Große Beachtung schenkten wir den Proviantspinden. Mittschiffs hatten wir auf jeder Seite je drei übereinanderliegende Einzelkojen, der Raum vor dem Mast war Stauraum für die Segel in abgeteilten Segeltuchfächern, die am oberen Rand mit einer leichten Aluminiumschiene offengehalten wurden. Die Toilette brachten wir ganz vorn in der Vorpiek unter; drumherum konnte man einen kleinen Segeltuchvorhang ziehen. Neben die Toilette sollte eine kleine Waschschüssel kommen. Als sie eingebaut werden sollte, sagte die Werft, sie wollten ein etwas delikates Problem mit mir besprechen. Die Besatzung hätte gemeint, es könne doch vorn Gewicht gespart werden, wenn wir auf die Waschschüssel verzichteten; und in See brauchte

2468
2468
MORNING CLOUD

MORNING
CLOUD
MORNING
CLOUD

man sich sowieso die Hände nicht zu waschen. Auf der anderen Seite meinte die Werft, würde ich mir gelegentlich doch wohl mal die Hände waschen, man hätte daher eine superleichte Schüssel gefunden, was ich dazu meinte? Ich optierte für die Waschschüssel.

Ich beriet mich natürlich mit Olin Stephens über eine Werft. Wenn ich ein Leichtmetallboot haben wollte, sagte er, ginge ich wahrscheinlich am besten zu einer holländischen Werft. Englische Werften hätten nicht deren Erfahrung im Bau von Hochseeregattabooten aus diesem Material. Selbstverständlich konnte ich auf keinen Fall nach Holland gehen. Der amerikanische Konstrukteur ging gerade noch an, wenngleich auch das schon ein paar verärgerte Ausbrüche bei der englischen Konkurrenz hervorgerufen hatte, doch das Boot selbst und der überwiegende Teil seiner Ausrüstung mußte selbstredend englisch sein. Für ein Holzboot, sagte Olin Stephens, könnte ich nichts besseres tun, als zu Clare Lallow zu gehen, der gleiche Rat, den mir auch Uffa Fox schon gegeben hatte. Zwischen Clare und Olin herrscht ein bemerkenswertes Maß gegenseitigen Verstehens; so sind bei ihnen die sonst üblichen Mengen von Detailzeichnungen nicht nötig, wie sie die meisten Werften verlangen. Clare hat so viele Sparkman & Stephens-Boote gebaut, daß er schon eine hingeworfene Andeutung im Entwurf in praktische Wirklichkeit umsetzen kann. Clare Lallow erklärte sich einverstanden, den Bau der zweiten *Morning Cloud* zu übernehmen und hatte zum Glück abgelagertes Holz für sie liegen.

In jenem Herbst ging ich als Premierminister zur Sondersitzung der Vereinten Nationen anläßlich der Feierlichkeiten des 25. Jahrestages ihrer Gründung. Das gab mir Gelegenheit, einige Nachmittage in Olin Stephens Büro zu verbringen. Dazu brachte ich eine Liste von Punkten mit, die wir zu Hause mit der ganzen Crew aufgestellt hatten. Sie war erheblich länger als die seinerzeit von Rod auf der ersten *Morning Cloud* zusammengestellten 24 Punkte. Als ich nach England zurückkam, waren sämtliche das Boot betreffenden Punkte geregelt; die Bauzeichnungen wurden zu Clare Lallow geschickt und der Bau begann. Während des Winters ließen wir es uns von Zeit zu Zeit angelegen sein, zusammen auf die Werft zu fahren und den Fortschritt des Baues zu verfolgen. Dadurch konnte sich die Crew gründlich mit dem Boot vertraut machen, so daß, falls in Zukunft irgendetwas schiefginge, sie wüßten, wo der Fehler zu suchen und was dagegen zu tun wäre. Und das gab uns auch uneingeschränktes Vertrauen zu unserem Boot. Dann wandten wir uns den Plänen für die Regattasaison zu.

Die zweite *Morning Cloud* lief am 10. April 1971 von Stapel. Dieses Mal tat es die Sektflasche, wieder von meiner Stiefmutter geworfen, beim ersten Male. Da glitt sie nun die Helling hinunter, die Rennmaschine, in die wir unser ganzes Herz gelegt hatten. Und wie schön sah sie aus, als sie zu Wasser ging! Einige von den Experten bemerkten, daß sie mit ihrem ziemlich flach geformten Unterwasserschiff bei rauhem Wind großartig sein, am Wind jedoch nicht viel zu bestellen haben würde. Totaler Irrtum!

So bald wir konnten, gleich nach dem Lunch, gingen wir mit dem Boot auf einen Probeschlag. Vielleicht war das zu früh. Das Boot hatte noch nicht genügend lange im Wasser gelegen, um sich zu setzen und dichtzuziehen. Was auch der Grund gewesen sein mochte, jedenfalls kamen wir in Schwierigkeiten, als das Boot nach etwa einer Stunde Wasser machte. Wir entdeckten das Leck am Kielgang, unten im Rumpf, wo sich die Planken infolge der Beanspruchung ein ganz klein wenig geöffnet hatten. Eine unter Aufsicht von Rod Stephens eingebaute Verstärkung brachte die Sache nach kurzen zehn Tagen in Ordnung. Die ganze Crew hatte die Osterwoche nach dem Stapellauf drangegeben, so daß wir das Boot eintrimmen konnten, die Crew damit umzugehen lernte und sich aufeinander einspielte.

Das größere Boot benötigte eine größere Besatzung, aus Sechs waren wir Acht geworden. In dieser Woche nicht unterbrochenen Segelns miteinander konnten wir uns an das schwerere Geschirr gewöhnen und uns die Manöver zurechtlegen und einüben. Dazu sind acht Tage Segeln hintereinander unvergleichlich viel mehr wert als acht einzelne Tage an Wochenenden. Als das Regattasegeln begann, merkten wir erst, wir gut uns diese Übungszeit getan hatte. *Morning Cloud* war früh genug zu

Wasser gekommen, so konnten wir mit Zuversicht an die Ausscheidungen für den Admiral's Cup herangehen.
Die Ausscheidungen bestanden aus zwei Regatten im Kanal an zwei Wochenenden im Juni und zwei Kurzregatten auf dem Solent an zwei weiteren Wochenenden. Als das Team ausgewählt wurde, waren wir zu unserer Freude dabei, zusammen mit der *Cervantes IV,* einem Boot etwa unserer Größe, und der *Prospect of Whitby,* einem größeren Boot. *Quailo,* ein 55-Fuß-Boot, ein Bau von Camper & Nicholson, wurde Reserveboot. Man bat mich, Captain des Teams zu werden, was ich annahm – das einzige Mal, daß ein britischer Premierminister Equipenchef einer englischen Mannschaft bei einem internationalen Sportereignis gewesen ist.
Die Aufgabe als Leiter eines solchen Teams brachte einige Fragen mit sich. Was gab es für ihn echt zu tun? Natürlich konnte er versuchen, dafür zu sorgen, daß das Team alles, was es benötigte, bekam. Doch war selbst das weitgehend Angelegenheit der Eigner, die ganz bestimmt nicht wünschten, daß sich irgendein Anderer in ihre Dinge mischte. Es gab ein paar mehr verwaltungsmäßige Dinge, die wir arrangieren konnten, wie einen Sonderwetterbericht für das Channel-Race und für das Fastnet. Aber draußen war jedes Boot auf sich allein gestellt. Da gab es nichts, was der Captain des Teams noch tun konnte.
Das Beste, was ich tun konnte, schien mir, war, für einen möglichst guten Geist im Team zu sorgen. Ich dehnte die *Morning Cloud*-»Denkstunden« auf das ganze Team aus. An einem wunderschönen Sonnabend im Juli kamen alle »Mitstreiter« einschließlich derer vom Reserveboot zu mir nach Chequers heraus. So lernten wir uns besser kennen, saßen zusammen und tauschten Informationen und Gedanken aus, nicht allein über unsere eigenen Boote, auch über die unserer Konkurrenten, und wir sprachen über die auf dem Solent einzuschlagende Taktik. Das klingt alles ganz simpel und eigentlich selbstverständlich, nur war es das erste Mal, daß derartiges gemacht wurde. Es trug viel zur Bildung eines Teamgeistes bei, der sich später bei der ersten Kurzregatta auf dem Solent bewähren sollte.
Alle englischen Teams haben sich beim Admiral's Cup vor allem mit einem nicht einfachen Problem auseinanderzusetzen, für das sich bisher noch nie eine Lösung hat finden lassen. Nach den Bestimmungen müssen die Teams bis zum 30. Juni benannt werden, mithin müssen die Ausscheidungen dann abgeschlossen sein. Bis dahin strengt sich jede Crew auf das Äußerste an, um in das Team zu kommen. Der Kampf darum ist heftig – 1971 kämpften 28 Boote um einen Platz im Team –, und die An-

Auf der Bootsausstellung 1971 wird mir das Halbmodell der ersten »Morning Cloud« überreicht. Rechts von mir Olin Stephens, der Konstrukteur des Bootes.

spannung steigt, bis sie am letzten Wochenende ihren Höhepunkt erreicht. Zu diesem Zeitpunkt sind die meisten Boote vermutlich auf der Höhe ihrer Leistungsfähigkeit. Ist das Team benannt, läßt die Anspannung nach. Auf den nicht ausgewählten Booten beginnen die Besatzungen, die mehrere Monate lang zusammengearbeitet hatten, auseinanderzulaufen – es bleibt ihnen nur noch übrig, für sich Regatta zu segeln oder die gesellschaftlichen Freuden der Cowes-Woche mitzunehmen, sofern ihnen daran etwas liegt. Doch auch die ausgewählten Mannschaften lassen nach, weil sie plötzlich merken, daß die bei den Ausscheidungen geforderte intensive

Konzentration nicht mehr verlangt wird. Ist das erste Ziel einmal erreicht, dann ist ihre Einstellung bei den Regatten, die noch vor dem Cup gesegelt werden, nicht mehr die gleiche wie bei den Ausscheidungen. Überall herrscht eine Stimmung der Entspannung. Man kann behaupten, daß kein Team nach der letzten Ausscheidungsregatta bis zum Beginn der eigentlichen Cupregatten auf gleicher Leistungshöhe gehalten werden kann; man muß mit einem Abschwung rechnen. Das Problem liegt darin, das Team wieder so aufzubauen, daß es in Höchstform ist, wenn es der internationalen Konkurrenz gegenübertritt. Das ist um so schwieriger, als Entspannung und Wiederaufbau innerhalb eines kurzen Monats vonstatten gehen müssen. Ich sprach darüber mit Roger Bannister, einem Arzt und Sportsmann von Weltruf; er erkannte die außerordentliche Schwierigkeit, ein Segelprogramm aufzustellen, das dieser Lage gerecht würde.

Mit derart widerborstigen Problemen brauchen sich die Teams anderer Länder nicht herumzuschlagen, ebensowenig wie ein englisches Team das muß, wenn es ins Ausland geht. Die Überseeländer wählen ihre Teams lange vor dem Schlußtermin aus und sei es nur, um ihre Boote rechtzeitig nach England auf den Weg zu bringen. Sie treffen hier einige Wochen vor Beginn der Cupregatten ein. Mit fertigen Booten und Besatzungen können sie tagtäglich segeln, die Boote neu eintrimmen, die Besatzungen neu einüben und so Schritt für Schritt bis zum Beginn der Regatten zu ihrer Höchstform aufbauen. Natürlich ließe sich das Problem auch für die Engländer lösen, wenn nämlich die Ausscheidungen während des Wochenendes vor Beginn der Cupregatten abgeschlossen würden. Dazu wäre eine Änderung der Bestimmungen nötig, die jedoch absichtlich so gefaßt worden waren, damit die Engländer keinen Vorteil vor den anderen Ländern hätten. Es zeigt sich jedoch, daß sich diese Bestimmung sehr zu unseren Ungunsten auswirkt. Ich habe viel darüber nachgedacht, ebenso wie Robin Aisher, der zwei Jahre darauf Captain des englischen Teams wurde. Das einzige, was ich meiner Meinung nach tun konnte, war, das Interesse der ausgewählten Mannschaften möglichst nicht abfallen zu lassen und ihren Kampfgeist hochzuhalten, wie ich es schon berichtet habe. Robin Aisher ging weiter und veranstaltete Startübungen für die ausgewählten Boote auf der Startlinie vor der Royal Yacht Squadron in Cowes. Damit verfolgte er in gewisser Weise den gleichen Zweck, doch darf man sich fragen, ob sich für die vier oder fünf Boote bei diesen Übungen tatsächlich die Verhältnisse darstellen lassen, mit denen sie fertig werden müssen, wenn zwischen 60 und 80 Konkurrenten um die besten Positionen auf der Linie kämpfen.
Nun zu den Cupregatten selbst. Das englische Team schnitt beim Channel-Race, das großenteils bei frischer Brise am Wind gesegelt wurde, gut ab. *Prospect of Whitby* wurde erste, *Morning Cloud* dritte und die *Cervantes* fünfte. Das gab für unser Team 270 Punkte, 36 mehr als für die Amerikaner und 55 mehr als für die Australier. Auf

Die zweite »Morning Cloud« im Bau. Links: Abschleifen des Rumpfes auf der Werft von Clare Lallow. Rechts: die Bodenwrangen aus nichtrostendem Stahl im Mastbereich.

VICTORIA DOCK

der Teilnehmerliste standen 12 weitere Länder. Aus dieser Hochstimmung heraus erschienen unten am Hafen die ersten Ansteckknöpfe: »Slater is greater«, tönte Arthur Slater, der Skipper der *Prospect of Whitby,* und die *Morning Cloud*-Fans folgten mit »Ted's ahead«. Der Bazillus war sehr ansteckend.
Die erste Kurzregatta für den Cup lief am Montag der Cowes-Woche. Das Unterhaus tagte noch. Am Donnerstag zuvor hatte die Labour-Opposition eine außerordentliche Debatte über die Lage des Schiffbaues am Clyde für den Montagnachmittag durchgesetzt. Als er es geschafft hatte, machte Harold Wilson, der Leiter der Opposition, keinen Hehl aus seiner Schadenfreude, als er beantragte, daß ich anwesend sein müßte, solange die Debatte dauerte. Selbstverständlich ging das Unterhaus vor. So saß ich auf der Regierungsbank, während *Morning Cloud* und das Team Regatta segelten. Als ich nach Cowes zurückkam, fand ich eine bedrückte Stimmung vor. Unsere Führung vor den Amerikanern war auf 9 und die vor den Australiern auf 37 Punkte zusammengeschmolzen. Zwar war *Prospect of Whitby* zweite und *Morning Cloud* vierte geworden, doch hatte es beim Start einen Protest gegen die *Cervantes* gegeben und sie war disqualifiziert worden. Bob Watson, ihr Skipper und seine Crew waren entmutigt und niedergeschlagen. Da zeigte sich der Wert unserer Teammeetings, und es gelang unseren gemeinsamen Bemühungen, sie moralisch wieder aufzurüsten.

Bei der zweiten Kurzregatta am Mittwoch wehte es hart mit Böen über 8 Bft. Auf der Vorwindstrecke liefen die Boote aus dem Ruder und schossen kreuz und quer überall über den Solent, so sah es jedenfalls aus. Auf der *Morning Cloud* fuhren wir ein kleines Dreieckssegel, das Ted Hood uns als eine Art Sturmspinnaker zugeschnitten hatte. Die Beanspruchung, die unser Boot auszuhalten hatte, war gewaltig. Plötzlich, als wir vom Westende des Solent zurückdonnerten, gab es ein lautes Krachen von

Oben: die drei Boote des englischen Southern Cross Cup-Teams, »Morning Cloud«, »Cervantes IV« und »Prospect of Whitby« in Liverpool bei der Verladung nach Australien, Oktober 1971. Unten: »Morning Cloud« wird an Bord gehievt.

Ein Glas Sekt beim Stapellauf der »Morning Cloud«, April 1971. Oben: Der Sekt, von meiner Stiefmutter geworfen, spritzt, wie alter Brauch es will, über den Vorsteven. Unten: Sir Alec Rose, der Weltumsegler, trinkt mit mir auf den Erfolg des neuen Bootes.

Die zweite »Morning Cloud« am Liegeplatz in Port Hambles, Mai 1971.

2468
2468

Links: die zweite »Morning Cloud« bei ihrem ersten Rennen rund um den Solent, Mai 1971. Oben »Morning Cloud« unter Spinnaker.

MORNING CLOUD
R.Y.S
MORNING CLOUD
MORNING CLOUD

2468
2468

1158
2468

Die zweite »Morning Cloud« beim Admiral's Cup 1971. Links: kurze Schläge dicht unter Land und (oben) mit gerefftem Großsegel auf der zweiten Inshoreregatta. Folgende Seiten: So nah und doch so fern. Wir haben den anderen nicht getroffen – durften wir auch nicht, denn wir lagen auf Steuerbordbug und die »Levantades«, ein italienisches Boot, segelte auf Backbordbug.

MORNING CLOUD
R.Y.S

berstendem Holz. Eine Winsch, die wir normalerweise für die Spinnakerschot benutzten, auf der wir aber dieses Mal dem Achterholer fuhren, war von ihrem Fundament gerissen. Sie schmetterte Owen Parker gegen die Reling und traf ihn heftig am Arm, an der Hand und am Oberschenkel. Zum Glück war nichts gebrochen, aber er hatte für den Rest der Regatta starke Schmerzen und litt auch beim Fastnet noch sehr. Nach diesem Rennen kamen die Australier auf Platz Zwei, doch lagen wir Engländer noch um 22 Punkte vor ihnen. Jetzt hing alles am Fastnet.
Am Sonnabend früh gingen wir mit einer starken Brise den Solent hinunter und durch die Needles. Als wir an der Südküste entlangliefen, hatten wir zeitweise Flaute. Der Wind schien stoßweise zu kommen mit Flauten zwischen den Stößen. Nach dem Runden von Fastnet ging es auf die lange Vorwindstrecke nach Hause, vor einem wirklich starkem Wind und ziemlich hohem Seegang. Mit dem großen Spinnaker zeigte *Morning Cloud* einmal wieder – wir kannten das schon –, wie schwer sie vor dem Wind zu halten war. Zeitweise mußten zwei Mann an die Pinne. Die mußten groß genug sein, um sich mit den Füßen an der gegenüberliegenden Kockpitseite abstützen und so den erforderlichen Druck ausüben zu können. Bei mir war das nicht ganz einfach. Ich kam zu dem Schluß, daß 40 Fuß die oberste Grenze sind, bis zu der ein Boot noch mit Pinne zu steuern ist, und ich fing gerade an ernsthaft zu überlegen, ob ich in der nächsten Saison nicht zur Radsteuerung übergehen sollte. In diesem Augenblick hatte ich den Eindruck, daß *Morning Cloud* zu sehr geknüppelt wurde und ich hatte das unbestimmte Gefühl, daß etwas zu Bruch gehen würde, wenn wir so beiblieben. Zum Mißfallen der Crew gingen wir auf den Sturmspinnaker über, aber später, als es aussah, als ob der Wind um ein paar Knoten nachgelassen hätte, war der große Spinnaker auch schon wieder oben. Hier war es, halben Weges durch die Irische See, daß das Mißgeschick zuschlug. Ich war gerade unten; ein lautes Krachen – das Boot schüttelte sich, das heftige Schlingern von einer Seite auf die andere ließ nach und wir gingen zahm mit der See auf und ab. Oben sah ich, daß die Glocken, an denen die Spinnakerbäume am Mast gehalten werden, aus ihren Mastschienen gerissen waren und nicht repariert werden konnten. Das, dachte ich, kann *Morning Cloud* einen Platz kosten und uns den Cup. Alle Mann waren jetzt an Deck und fingen an zu basteln. Sie setzten schnell ein großes Vorsegel und baumten es mit einem Spinnakerbaum aus, den wir in ein Auge seitlich am Mast hakten. Dann überlegten wir, wie wir den Spinnaker selbst behelfsmäßig setzen könnten. Der Wind ließ immer mehr nach und wir wußten, daß wir nur unter dem großen Spinnaker noch einigermaßen Fahrt laufen konnten. Schließlich bekamen wir den großen Spinnaker mittels einer »Heath-Robinson-Mimik« zum Stehen, wobei wir den Baum in ähnlicher Weise wie vorher an den Mast setzten. Das Unangenehme war, daß der Baum sich so gut wie garnicht regulieren ließ. Das äußere Ende ließ sich etwas antoppen, aber das innere Ende saß unbeweglich am Mast in seinem Auge. Als wir in der Nähe der Scillies halsen mußten, brauchten wir fast eine halbe Stunde, um den Baum von der einen auf die andere Mastseite zu bringen. Mittlerweile hatte die *Koomooloo,* ein Boot des australischen Teams, ihr Ruder verloren, ohne daß wir es wußten, obwohl sie ganz in unserer Nähe stand. Um das Maß vollzumachen, wurden wir bei den Scillies fast bekalmt. Wir kämpften uns weiter.
Später, als der Wind wiederkam, schöpften wir Hoffnung. Als wir uns Plymouth näherten, liefen uns Presseboote entgegen, um uns das Neueste zu berichten. *Cervantes* hatte sich gut geschlagen und die Scharte bei der ersten Kurzregatta wieder ausgewetzt. Eine Zeitlang hatte es ausgesehen, als ob sie Gesamtsiegerin werden könnte. Sie wurde dann dritte, hatte aber in ihrer Klasse gewonnen. Mit diesem großen Vorteil konnte England den Cup noch gewinnen. Als *Morning Cloud* in den Plymouth-Sund einlief, wurden wir von einem Schwarm von Booten begrüßt, die ganz scharf darauf waren zu sehen, ob wir es für die erforderlichen Punkte noch rechtzeitig schaffen könnten. Ich glaube, es kommt nicht allzu oft vor, daß ein Premier auf diese Weise nach Hause segelt. Die Marine zeigte sich auf der Höhe der Situation. Beim Einlaufen erschien eine Fregatte an der Kimm, und nun übernahm uns das Chefboot des Admirals, als wir auf die Ziellinie zuhielten. Schlauchboote mit Royal Marines an Bord befanden sich in der Nähe und waren behilflich, die Zu-

Ich nehme als Captain des britischen Teams den Admiral's Cup aus der Hand von Mrs. Aisher, der Gattin des Admirals des R.O.R.C., in Empfang.

schauerboote genügend auf Abstand zu halten, damit wir nicht gestört würden. Eine großartige Szene, meine Gedanken gingen zurück zum Sydney-Hobart-Rennen.
Wir schafften es. *Prospect of Whitby* war vor uns hereingekommen, und alle die hochweisen Rechenkünstler hatten ihre Rechnungen gemacht. Ergebnis – England gewann den Admiral's Cup mit 825 Punkten zurück und führte vor den Amerikanern mit 43 und vor den Australiern mit 106 Punkten, doch waren die Australier mit der von Syd Fisher gesteuerten *Ragamuffin* zu ihrer großen Freude Gesamtsieger in der Einzelwertung geworden. »Rago's Arse Beats Class« (»Ragos Hintern schlägt die Klasse«) erschien in Plymouth – das waren die letzten Ansteckknöpfe!
Wieder einmal wurde eine *Morning Cloud* von der Menge am Hafen begeistert begrüßt. Es war für mich ein erhebender Augenblick als Captain des britischen Teams, das die bedeutendste Regattatrophäe der Welt für unser Land zurückgeholt hatte. Doch die Regierungsgeschäfte ruhten nicht. Ich mußte sofort zur Downingstreet Nr. 10 und kam am Freitag zur Preisverteilung wieder. Von der Königin und Prinz Philipp, die auf der *Britannia* auf dem Wege zur schottischen Westküste waren, kamen Glückwünsche und vom Prince of Wales ein herzerfrischendes Handschreiben. Der amerikanische Teamleiter schrieb, daß wir den Sieg verdient hätten. Ein großer Triumph für England, und ich war stolz darauf, meinen Teil getan zu haben.

Plymouth im August 1971. Pressekonferenz mit Bob Watson.

ALBUM EINES SEGLERS

VOM DINGHY ZUM OZEANRENNER

EIN PROTOKOLL IN FARBE

Vorseite, oben: in meiner Jolle, Broadstairs 1967. Unten links: in der Vaurien-Jolle, Bretagne, 50er Jahre. Unten rechts: Broadstairs 1966. Jolle der Foreland-Klasse.

Yachten der J-Klasse vor dem Haus der Royal Yacht Squadron in Cowes. (William Wylie, 1851–1931)

Auftakeln der Snipe vor einer Regatta in Broadstairs, 1967. Rechts: die erste Seeregatta. Mit Sir Maurice Laing auf der »Clarion of Wight« vor Cowes beim Start zum Cowes-Dinard-Rennen, Juli 1968.

Die erste »Morning Cloud« am zweiten Tage des Sydney-Hobart-Race, 1969/70.

Die zweite »Morning Cloud« auf dem Solent Points-Race, 1971.

2468
2468

MORNINGCLOUD

Die erste »Morning Cloud«. Zieldurchgang beim Round-the-Island Race, 1970.

Folgende Seiten: der Mittwoch beim Admiral's Cup, 1971.

2468
468

Am Ruder auf dem Solent beim Admiral's Cup.

Die zweite »Morning Cloud«. Mittwoch beim Admiral's Cup, 1971.

Rechte Seite: Sonnenuntergang vor Burnham.

2468

Linke Seite: an Bord, Verfasser am Ruder. Channel Race, Mai 1975.

Die vierte »Morning Cloud« Solent Points Race.

K2468
K300

Die dritte »Morning Cloud« vor der Royal Yacht Squadron, Cowes. (Deryck Foster, 1974).

Die vierte »Morning Cloud«.
Solent Points Race.

2008
008

Die vierte »Morning Cloud«, Channel Race, Mai 1975.

Die zweite »Morning Cloud« beim Fastnet-Rennen, 1971. (Deryck Foster, 1972).

DERYCK FOSTER '72

Die zweite »Morning Cloud« vor Burnham. Rechts: die »Vendetta«.

Ausscheidungen für den Admiral's Cup, 1973. Runden einer Boje.

Die dritte »Morning Cloud« geht in den Kanal, 1973.

Die zweite »Morning Cloud« nach dem Cowes-Dinard-Rennen in St. Malo 1971.

Ganz oben: die zweite »Morning Cloud« 1971, Cowes Week. Oben: Admiral's Cup 1971. Die siegreiche Crew.

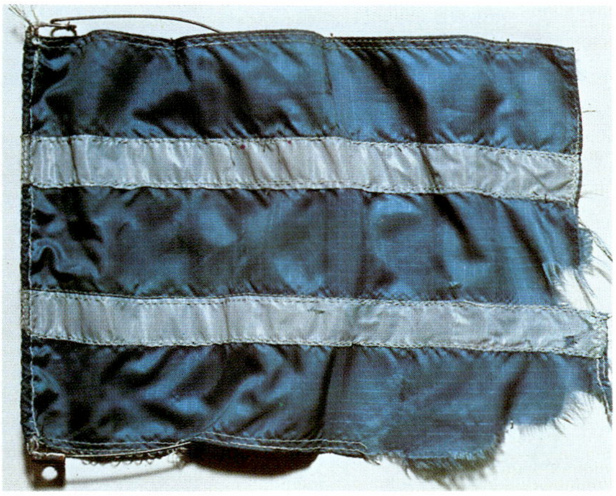

Rennflaggen der »Morning Clouds«.
Links oben: erste »Morning Cloud«, Gewinnerin der 25. Sydney-Hobart-Regatta, 1969.
Rechts oben: zweite »Morning Cloud«. Englisches Gewinnerteam im Admiral's Cup, 1971.
Unten links: dritte »Morning Cloud«. Englisches Team des Admiral's Cup, 1973. Gewinnerin der Solent Points Meisterschaften 1973.
Unten rechts: zweite »Morning Cloud«. Englisches Team beim Southern Cross Cup, 1971. Gewinnerin der 1B-Gruppe beim Sydney-Hobart-Race, 1971. Gewinnerin aller sieben Regatten und des Town Cups, Burnham-Woche, 1972.

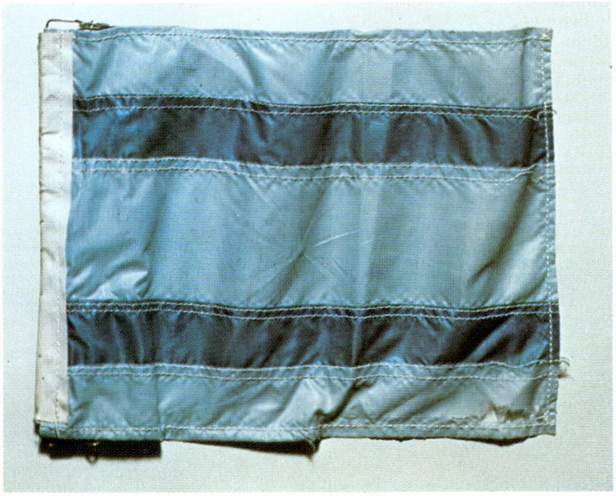

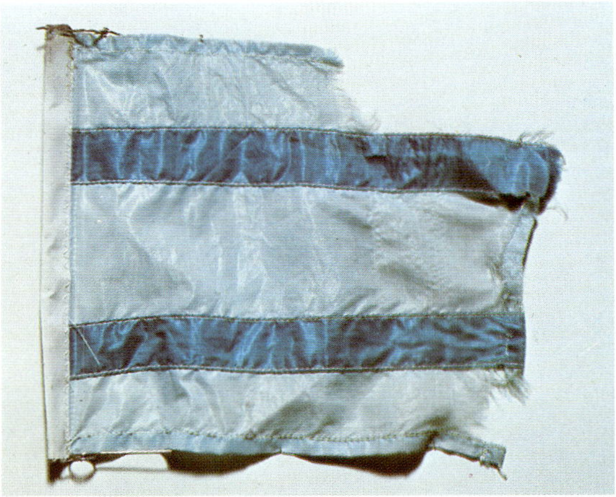

8

Maßstabgerechte Zeichnungen der dritten »Morning Cloud«, 1973, (diese Seite) und (rechte Seite) der vierten »Morning Cloud«, 1974.

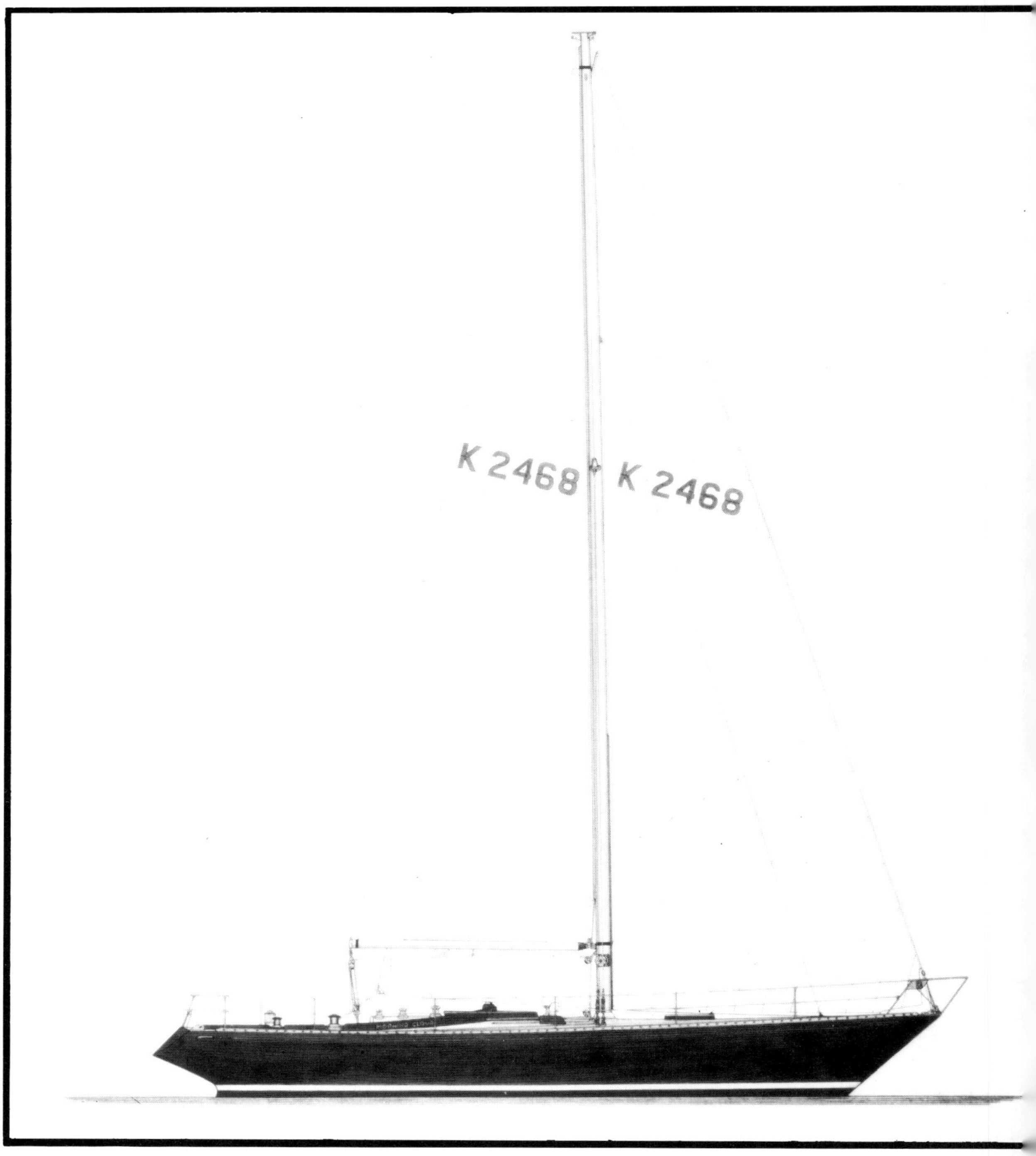

DIE DRITTE UND VIERTE MORNING CLOUD

Die zweite »Morning Cloud« bei kurzen Kreuzschlägen auf dem River Crouch, Burnham-Woche, 1972.

Nach unserem Erfolg beim Admiral's Cup forderte man mich auf, die zweite *Morning Cloud* zur Southern Cross-Serie nach Australien zu schicken, dieses Mal als Teamboot. Die Crew war Feuer und Flamme bei dem Gedanken, wieder dabei zu sein und beim Sydney-Hobart-Race mitkämpfen zu können. Ich wußte, daß es für mich in meiner Stellung als Premierminister so gut wie ausgeschlossen sein würde, mich auch nur zu einer der Regatten freimachen zu können, aber für die *Morning Cloud* freute es mich sehr. Bevor sie verladen wurde, konnten wir noch ein Regattawochenende in Ramsgate einschieben und auch Ende August zu der schon für uns Tradition gewordenen Burnham-Woche gehen. Bei beiden konnten wir unsere Erfolgsliste verlängern. Am meisten wohl erfüllte es uns mit Stolz, daß wir die Gold-Roman-Schale als Preis für den Gesamtsieg im Round-the-Island-Race gewannen. Es war das erste Mal – nie vorher hatte es das gegeben –, daß ein Boot diesen Preis dreimal hintereinander gewann, und das wird auch in Zukunft wohl nicht so bald wieder vorkommen. Nur Max Aitken hatte es zweimal hintereinander geschafft.
Draußen in Australien hätte die Crew mit Sammy Sampson als Skipper das Sydney-Hobart fast zum zweiten Male gewonnen. Dieses Mal hatte sich Anthony Churchill näher an die Küste gehalten, und sie liefen dem Siege entgegen, als sie etwa 40 Meilen vor der Derwentmündung in ein Windloch fielen. Es war zum Verrücktwerden, auf der Stelle treten und ansehen zu müssen, wie die neuseeländischen Eintonner von hinten den Wind mitbrachten, und ihre Chancen in die Binsen gingen. Doch gewann *Morning Cloud* wenigstens in ihrer Klasse, und die Crew kam zur Siegesfeier in die Downing Street Nr. 10, wo sie mit mir ein Garn von ihren Taten im Pazifik spannen. Als *Morning Cloud* zurück war, ersetzten wir die Pinne durch eine Radsteuerung. Zuerst kam mir das ganz fremd vor. Nun gab es nicht mehr jene unmittelbare Verbindung, die sich beim leisesten Ruderdruck von der Hand des Steuermanns über Pinne und Ruderblatt dem Wasser mitteilt. Man hatte das »Tasterlebnis« des Jollenseglers verloren und mußte sich ein ganz anderes Gefühl und eine neue Technik angewöhnen. Aber, kein Zweifel, man hatte *Morning Cloud* über ein Rad besser in der Hand.
Ein Jahr ohne den Admiral's Cup ist naturgemäß immer ruhiger und irgendwie ein Nachlassen, doch konnten wir uns das auch zunutze machen. Einige von der Crew gingen auf andere Boote und versuchten sich auf ein paar Regatten, um zu sehen, ob sie etwas neues lernen könnten. Dafür kamen neue Leute auf unser Boot. Wir segelten mit viel Spaß auf dem Solent, machten wieder die Regatten vor Ramsgate mit und gingen weiter nach Burnham, um dort die Preisback abzuräumen. In diesem Jahre veranstalteten der Royal Temple Club in Ramsgate und der Royal Burnham Yacht Club als Einleitung der Burnham-Woche gemeinsam eine Regatta um die Trafalgar-Bowl zwischen den beiden in der Themsemündung einander gegenüberliegenden Hafenstädten. Es sollte ein ungewöhnlich langes und schwieriges Rennen werden, von dem wir erst lange nach zwei Uhr in der Nacht in Burnham wieder einliefen. Wir gewannen es. An den folgenden sieben Regattatagen vor Burnham gewannen wir jedes Mal, und als Höhepunkt den Town-Cup. Acht Siege in einer Reihe; nie zuvor hatte ein großes Boot sämtliche Regatten der Burnham-Woche gewonnen.
Das waren unsere letzten Siege mit der zweiten *Morning Cloud,* denn in unseren »Denkstunden« hatten wir schon an einem neuen Boot für den Admiral's Cup 1973 gearbeitet. Mehr als alles andere sollte es ein Boot werden, mit dem wir das Fastnet gewinnen könnten. Ich besprach das mit Olin Stephens und unterstrich besonders, daß das Fastnet meistens eine Schwerwetterregatta sei. Er sollte uns also ein Boot für einen solchen Einsatz zeichnen. Eine Ironie des Schicksals wollte, daß das 73er Fastnet sich zu einem Leichtwetterrace mit vielen Flauten entwickelte, und daß die dritte *Morning Cloud* ein Jahr später in einem Sturm vor der englischen Südküste verloren ging.
Wir machten es wieder wir früher. Die Crew arbeitete gemeinsam die Verbesserungen aus, die wir uns auf Grund der Erfahrungen mit der zweiten *Morning Cloud* wünschten. Die dritte *Morning Cloud* sollte etwas größer werden, 45 Fuß über alles, auch das Cockpit sollte vergrößert und in zwei Abteilungen unterteilt werden – die Winschen

noch konsequenter um das Arbeitscockpit herum konzentriert. Auch dieses Boot wurde bei Clare Lallow gebaut, und wir verfolgten sein Werden mit dem gleichen Interesse. Der Rumpf bestand aus drei Lagen Mahagoni, die in verschiedenen Winkeln übereinander geleimt wurden, was dem Boot eine große Festigkeit verlieh. Während der lange dauernden Verleimung der Außenhaut mußte eine gleichbleibende Temperatur gehalten werden. Zu diesem Zweck errichtete Clare Lallow auf seiner Werft ein großes Zelt, unter dem die dritte *Morning Cloud* gebaut wurde. Dadurch kam die alberne Story auf, hier auf der Werft entstände unter strengster Bewachung ein neuer, geheimnisumwitterter Wunderkreuzer. Eines schönen Tages kreuzte ein Journalist in Clare Lallows Büro auf, gefolgt von einer Meute von Fotomännern mit Sack und Pack und fragte Clare, von wo sie den besten Blick auf das Boot hätten, sie wollten es fotografieren. »Kommen Sie mit«, sagte Clare, »ich will es Ihnen zeigen.« Damit ging er mit ihnen über die Werft zurück auf die Straße, überquerte sie und blieb vor der Tür seiner Stammkneipe stehen. »Nun, meine Herren«, sagte er, »jetzt sind wir hier und von hier werden Sie das beste Bild von Mr. Heath's Boot, das Sie auf meiner Werft schießen können, kriegen. Ich gehe derweil hier 'rein und trinke mein Bier«; und damit hatte es sich.
Beim Stapellauf am 4. April 1973 ereignete sich ein Unglücksfall. In dem Gedränge der Leute an der Mauer längs der Helling verlor die Frau eines meiner Besatzungsmitglieder das Gleichgewicht und fiel, als *Morning Cloud* eben vorbeigelaufen war, auf die Betonfläche herunter. Mit einer schweren Gehirnerschütterung wurde sie schnellstens ins Krankenhaus gebracht. »Das wird ein Unglücksboot«, hörte ich jemanden neben mir murmeln.
Wir bereiteten uns in gleicher Weise wie die Jahre vorher auf die Ausscheidungen zum Admiral's Cup vor und wurden auch dieses Mal ausgewählt. Auf eine unverbindliche Anfrage hin, ob ich das Team wieder leiten würde, wenn man mich darum bäte, lehnte ich ab, weil ich wußte, daß meine Verpflichtungen als Premierminister sich mit denen eines Teamleiters nicht vereinbaren ließen. Dies besonders, weil die Ministerpräsidentenkonferenz der Commonwealthländer in Ottawa für Ende Juli bis Anfang August angesetzt war und sich daher mit der Cowes-Woche überschneiden würde. Deshalb konnte ich auch die ersten drei Regatten des Admiral's Cup nicht mitsegeln. Nach Beendigung der Gespräche mit meinen Ministerpräsidentenkollegen über das Schlußkommuniqué flog ich in der Nacht von Ottawa zurück und kam am Freitag früh rechtzeitig in Cowes an, um noch die letzten Vorbereitungen für das Fastnet mitmachen zu können, das am Tage darauf gestartet wurde. Es sollte das enttäuschendste Hochsee-Rennen werden, das ich bisher mitgemacht habe. Es verlief ohne Zwischenfall, außer dem Umstand, daß wir ständig bekalmt waren. Als wir längs der englischen Südküste zurücksegelten, suchten wir immer wieder den Wind unter Land, aber jedesmal tat er nur so, als wollte er kommen und schlief wieder ein. Die Boote, die sich weiter draußen hielten, erwischten eine gute Brise, die sie durchbrachte. Zum ersten Male kamen die Deutschen als Sieger heraus. Das englisch-amerikanisch-australische Monopol war gebrochen. Der einzige Trost für uns auf der *Morning Cloud* war, daß wir das Round-the-Island-Race zum dritten Male hintereinander gewannen, und wir wurden auch Gewinner des Punktpreises der Solent-Serie, der für die ganze Saison vergeben wird. Wir wurden wieder nach Australien eingeladen, aber ich mußte ablehnen. Ich wußte, daß es mir unmöglich sein würde, auch nur zu einem Teil der Regatten herunterzukommen, und ich wollte mich nicht wieder von dem Boot trennen.
Im Februar 1974 verlor die konservative Partei die Wahlen, und ich wurde wieder Führer der Opposition. Zwar hatten wir mehr Stimmen als jede der anderen Parteien, kamen aber um drei Sitze in die Minderheit. Es lag auf der Hand, daß es sehr bald zu Neuwahlen würde kommen müssen. In all dieser Ungewißheit war zum Segeln kaum noch Zeit. In der zweiten Hälfte der Cowes-Woche »klarte *Morning Cloud* die Back auf«. Während der ersten drei Tage war der Wind meist schwach gewesen, am Donnerstag fing es an zu wehen. Wir gewannen zum ersten Mal den Pokal des New York Yacht Clubs, eine der beiden Haupttrophäen der Cowes-Woche. Am Freitag gewannen wir zum zweiten Male den traditionellen Schaukelstuhl und am Sonnabend

Rod Stephens und Clare Lallow, der Erbauer, bewundern mit mir die dritte »Morning Cloud« vor dem Stapellauf, April 1973.

NO
SMOKING

hatten wir ebenfalls Erfolg. Dann nahmen wir *Morning Cloud* nach Ramsgate herüber.
Dort gewannen wir das »Round-the-Goodwins-Race«. Es ist einige 50 Seemeilen lang und führt von Ramsgate Themseaufwärts, rundet die Feuerschiffe von North-, East- und South-Goodwin und geht zurück nach Ramsgate. Es wurde ein sonderbares Rennen. Beim Tonge-Feuerschiff in der Themsemündung lagen wir gut, nur zwei große Boote waren vor uns. Dann blieb der Wind auf halbem Wege zum North-Goodwin-Feuerschiff weg. Wir legten uns an unseren Warpanker. Der Rest des Feldes, dabei die ganzen kleinen Boote, kam auf, wurde aber dann unter die Küste von North Foreland versetzt, wo sie etwas Wind bekamen. Der brachte sie noch vor uns zum North-Goodwin-Feuerschiff. Als der Wind – so um 4 Bft – zu uns kam, ging die Regatta wieder ganz von vorn los, nur daß wir jetzt am Tampen des Feldes waren. Wir legten uns mächtig ins Zeug und als wir South Goodwin hatten, lagen nur noch zwei kleinere Boote vor uns.
In der Sandwich-Bay überfiel uns plötzlich eine stürmische Bö. Zum Glück sah ich, wie sie ein vor uns weiter unter der Küste kreuzendes Boot packte, so bekamen wir unseren großen Spinnaker rechtzeitig herunter. Wir mußten dann wieder längs der Küste laufen, bevor wir auf Ramsgate abhalten konnten. Nach der Bö kam Flaute. Der Wind blieb weg, doch konnten wir mit dem Rest der Tide die letzte Tonne schram-

Die dritte »Morning Cloud« vor den Needles bei der Round-the-Island-Regatta, 1973. Sie sollte auch diese Regatta gewinnen, das dritte Mal hintereinander für eine »Morning Cloud«.

men; dann setzten wir unseren leichten Starcut-Spinnaker und liefen mit angehaltenem Atem auf Ramsgate zu, wobei wir unseren Kurs eben nördlich des Hafens hielten. Als wir uns umdrehten, konnten wir sehen, daß die Boote hinter uns sich mit der Tide herumplagen mußten, und das bißchen Wind ihnen kaum langte, den Strom auszusegeln. Wir gingen durchs Ziel und gewannen mit einer Stunde und 5 Minuten. Nicht schlecht für ein Schwerwetterboot.

Wie immer hatten wir auf der Burnham-Woche unseren Spaß, unsere Erfolge freilich waren »gemischt«. Zum ersten Mal in fünf Jahren schleppten wir keinen der Hauptpreise ab. Trotzdem hatten wir, wie sonst auch, eine beschwingte und fröhliche Zeit. Am ersten Sonntag machten wir unseren schon traditionellen Picknickausflug nach Paglesham und am Sonnabend konnte ich Maurice Laing zum Town-Cup gratulieren.

Am Sonntag früh flog ich nach Ostende zu einem Treffen meines Regiments in Antwerpen, wo wir den 30. Jahrestag der Befreiung der Stadt, bei der unser Regiment mitgekämpft hatte, feierten.

Bevor ich Burnham verließ, hatte ich dafür gesorgt, daß unsere »Verlegungscrew« kam, um das Boot um die Südküste nach Cowes zu segeln. Die Regattacrew fuhr nach Hause, zurück an ihre Arbeit. Die Verlegungscrew besteht aus erfahrenen Seglern, die meisten von ihnen sind auch erfahrene Navigatoren, die selber kein eigenes Boot haben und gern ein paar Tage frei nehmen, um die Boote anderer Leute von einem Regattaplatz zum anderen zu segeln. Unsere Verlegungscrew hatte das auf allen *Morning Clouds* für mich besorgt. Dieses Mal fragte mich mein Patenneffe, Christoffer Chadd, der mit seiner Familie nach Burnham herübergekommen war, ob er mitsegeln dürfe, und ich stimmte zu. Auch er ein erfahrener Segler; er hatte das Boot begeisternd gefunden und wollte bei der Verlegung helfen.

Am gleichen Sonntagabend flog ich von Antwerpen nach London zurück. Die Wetterberichte von Montag meldeten Sturm und schwere See vor der Südküste; ich mußte sofort an *Morning Cloud* denken. Aber ich hatte volles Vertrauen in das Boot und seine Besatzung. Es war ja ein Schwerwetterboot, und ich wußte, daß der Skipper nach Ramsgate oder Dover einlaufen würde, wenn er wegen des Wetters irgendwelche Bedenken hätte; es waren noch mehrere Tage Zeit, um das Boot auf den Hamble zu bringen. Ich dachte mir, er würde wahrscheinlich trotz des harten Wetters weitersegeln und in das Southhampton Water gehen. Am Dienstag, dem 3. September, ich saß gerade beim Frühstück, rief die Polizei an und sagte, eben sei die Nachricht gekommen, daß *Morning Cloud* in dem Sturm schweren Schaden genommen habe und daß fünf Mann der Crew von sieben auf einer Rettungsinsel an die Küste getrieben seien; von den zwei Fehlenden habe man noch nichts gehört, es würde laufend nach ihnen gesucht. Später am Vormittag wurde bestätigt, daß die fünf Mann der Besatzung in Sicherheit, aber im Krankenhaus seien. Die beiden Vermißten waren mein Patenneffe und Nigel Cumming. Die Polizei sagte weiter, daß bei dem anhaltenden schweren Wetter an der Südküste kaum noch Hoffnung für einen von ihnen bestehe. Ich teilte Christoffers Vater die schreckliche Nachricht telefonisch mit und fuhr ins Krankenhaus, wo ich mit den Überlebenden sprechen konnte; zwei von ihnen waren schwer verwundet, die übrigen hatten den Schock noch nicht überwunden. Später haben sie dann den ganzen Hergang der letzten Reise der dritten *Morning Cloud* rekonstruiert.

Als sie am Sonntagmorgen von Burnham absegelten, wehte ein frischer Wind, der im Laufe des Tages zunahm. Zunächst wollten sie das innere Fahrwasser in der Themsemündung nach Dover nehmen, doch dann entschied sich der Skipper zu wenden und durch das äußere Fahrwasser zu gehen, weil er mehr freien Seeraum haben wollte. Beim Herauslaufen nach North Foreland war es sehr ruppig, aber das Boot lief gut, und die Crew war in guter Verfassung. Der Skipper überlegte es noch, ob er nach Dover einlaufen sollte, doch da es sich etwas beruhigt hatte, entschloß er sich zum Weitersegeln unter der Südküste. Im Laufe des Vormittags wurde es jedoch viel schlechter, und spät in der Nacht, als sie Royal Sovereign gerundet hatten, wurden Windstärken von 40–45 kn (Bft 9) gemessen. Zu dieser Zeit lief eine gewaltige See. Das Boot trug kleinste Segel, kein Vorsegel, das Großsegel weit her-

MORNING
CLOUD

Die dritte »Morning Cloud« an der Nordküste, der »Battlecry« dicht auf den Hacken. Aber »Battlecry« gewann am Donnerstag der Cowes-Woche 1974 den Britannia-Cup. Zwei Tage später tauschten wir die Rollen. »Morning Cloud« schlug sie nach langem Kampf bei hartem Wind und gewann damit den Pokal des New York Yacht Clubs.

MORNING

Feines Segeln auf der Burnham-Woche, 1974. Draußen in der Nordsee vor dem Crouch. Von links nach rechts: Terry Leahy, Tubby Lee, Verfasser, Duncan Kay.

BURNHAMWOCHE **1974**

Oben: Spannung. Einer von den Achtergästen ruft etwas nach vorn. Rechte Seite: »Morning Cloud« läßt »Loujaine« (ex »Prospect of Whitby«), gesteuert von Sir Maurice Laing, nicht vorbei, 1971.

Der Tag geht zu Ende. Unten: Wir segeln den Crouch aufwärts zu unserem Liegeplatz (rechts).

untergerefft; trotzdem lief es immer noch 4–5 kn durchs Wasser. Die Tide stand gegenan, so kam das Boot über Grund nur sehr viel langsamer voran.
Als *Morning Cloud* noch 6 oder 7 Meilen von Owers-Feuerschiff entfernt stand – der Skipper konnte das Feuer deutlich ausmachen –, wurde sie von einer besonders großen See getroffen und flach aufs Wasser gelegt. Als sie sich wieder aufgerichtet hatte, bemerkte der Skipper, daß einer von der Besatzung über Bord gegangen war und an seinem Sicherheitsgurt hing. Die Besatzung brauchte mehrere Minuten, bis sie ihn wieder an Bord hatte. Erst dann bemerkten sie, daß ein weiterer Mann über Bord gegangen war. Sie fanden noch die abgerissene Leine seines Sicherheitsgurtes im Cockpit. Sie gingen zur Suche auf Gegenkurs, fanden aber nichts. Darauf nahmen sie ihren Kurs wieder auf. Das Boot wurde dann von einer ähnliche See getroffen und wieder auf die Seite gelegt, so weit, daß der Mast unter Wasser kam. Auch dieses Mal kam das Boot wieder nach einer Weile, die den Männern endlos vorgekommen sein muß, auf ebenen Kiel zurück. In dem Moment, als die zweite See traf, kam Christoffer Chadd gerade durch den Niedergang nach oben und wurde über Bord gewaschen. Er trug seine Schwimmweste, hatte aber den Sicherheitsgurt noch nicht eingepickt. In der furchtbaren See konnten sie ihn noch kurz sehen, dann war alles aus.
Als die erste See die *Morning Cloud* auf die Seite legte, wurden die Decksbalken dieses stark gebauten Bootes angebrochen. Die zweite See richtete größeren Schaden an, und der Skipper stellte fest, daß viel Wasser ins Boot gekommen war. Es war durch den Niedergang und die Vordecksluke eingedrungen, die entweder von der See fortgerissen oder durch den infolge des plötzlichen Wassereinbruchs hinten hervorgerufenen Luftdruck herausgepreßt worden war. Weiteres Wasser war durch andere beschädigte Stellen ins Boot gekommen. Der Skipper sah, daß das Boot unter diesen Umständen nicht zu halten war und brachte die Vier-Mann-Rettungs-

insel zu wasser. Der Deckel des Behälters der Sechs-Manninsel und die Insel selbst waren durch die See fortgerissen worden. Mit schier übermenschlicher Kraftanstrengung kletterten die fünf Überlebenden, von denen zwei schwer verwundet waren – einer an Arm und Rippen, der andere am Schulterblatt und den Rippen –, in die Insel, wo weitere Schwierigkeiten auf sie warteten. Fast alle gaben sie nicht mehr viel auf ihre Rettung. Sie brachten den Treibanker aus, um die Insel ruhiger zu legen und sie kamen bei dem unerhört starken Wind mit dem Verdeck über ihren Köpfen nicht klar. Als sie die erste Seenotrakete abschossen, wehte es so sehr, daß sie zwar aufstieg, aber sofort ins Wasser heruntergedrückt wurde. Niemand an Land hätte sie sehen können; dabei wurden die zwei anderen Raketen in der Packung naß und wollten überhaupt nicht zünden.

Die kleine Rettungsinsel trieb mit dem Wind und der Tide entlang der Küste nach Osten und schließlich auf das Land zu. Erst drohten sie auf die Pier von Brighton geworfen zu werden, und als sie dieser Gefahr entronnen waren, sah es so aus, als ob sie an den Felsbrocken, die für die Mole der neuen Marina aufgeschüttet waren, zerschmettert würden. Doch bevor es dazu kam, erfaßte sie die auf den Strand zulaufende Brandung. Mit letzter Kraft konnten sie sich festhalten, bis die Rettungsinsel an den Strand gespült wurde. Die fünf Männer hatten annähernd acht Stunden lang in der stürmischen See überlebt. Ihr Leben verdanken sie jener kleinen Rettungsinsel.

Es war ein grausamer Schlag für uns, daß ein Boot, das für schweres Wetter gebaut war, auf diese Weise zugrunde gehen mußte. Die gerichtliche Untersuchung ergab kein Verschulden der Besatzung. Zu der Zeit, als die beiden großen Seen sie trafen, war *Morning Cloud* nur wenige Meilen außerhalb des Schutzes, den die Isle of Weight gegen den Sturm aus Südwest gegeben hätte. *Casse-Tête,* ein 41-Fuß-Hochseeregattaboot, also nicht unerheblich kleiner als *Morning Cloud,* gegen die wir noch in Burnham die vorhergehende Woche über gesegelt hatten, befand sich auf dem gleichen Wege wie *Morning Cloud,* aber etwa eine Stunde vor ihr. Sie kam ohne Schaden durch, aber ihre Leute berichteten, das sei der schlimmste Seegang gewesen, den sie je mitgemacht hätten.

Das Wrack der dritten »Morning Cloud« wird in Shoreham aus dem Wasser gehievt.

Es gab einiges zu lernen aus der Tragödie. In erster Linie mußte die Sicherheitsausrüstung zuverlässiger werden, auch und vor allem in derart erschreckenden Lagen. Den Herstellern wurden alle Einzelheiten darüber mitgeteilt, wie sich ihre Erzeugnisse in diesem Sturm gemacht hatten. Die Möglichkeiten der Erprobung mögen noch so gut sein, worauf es ankommt, ist, wie eine Ausrüstung in der schlimmsten Lage, die einen Seemann treffen kann, funktioniert. Die Ausrüstung der *Morning Cloud* hatte allen Sicherheitsbestimmungen genügt, und trotzdem wurde das Boot in dem Sturm des 2. und 3. September von der See überwältigt. Wir haben bereits die Lehre daraus gezogen und das Cockpit so ausgelegt, daß ein Hineinspülen großer Wassermassen in das Bootsinnere weniger wahrscheinlich wird. Und einmal mehr wurde uns die Gefahr deutlich, die eindringendes Wasser bei schlechtem Wetter für Maschine und Funkeinrichtung darstellt. Wir haben die Reißfestigkeit der Sicherheitsgurte über das vorgeschriebene Maß hinaus verdoppelt und wir haben den Herstellern die Erfahrungen der Besatzung mit der Ausrüstung in der Rettungsinsel zur Auswertung zugänglich gemacht. So kann doch noch vielleicht etwas Nutzen aus der Tragödie der *Morning Cloud* gezogen werden, der allen Seeseglern zugute kommt. Im gleichen Sturm wurde die erste *Morning Cloud* von ihrer Mooring in Jersey gerissen und gegen die Felsen geworfen. Die gleiche See und der gleiche Wind hatten beiden ihr Ende gebracht.

Ich hatte nicht die Absicht, mit einem neuen Boot in die Ausscheidungen zum Admiral's Cup 1975 zu gehen. Ursprünglich hatte ich geplant, an der dritten *Morning Cloud* einige Änderungen vorzunehmen, um sie bei leichtem Wind zu verbessern – der Mast sollte höher und die Segelfläche größer werden. Nun aber stand ich vor der Notwendigkeit, ein neues Boot anzuschaffen, wenn ich weiter Regatta segeln wollte; doch war die Zeit schon sehr knapp. Die Oktoberwahlen und das neugebildete Unterhaus nahmen meine ganze Zeit und Arbeitskraft mehrere Monate lang voll in

Die vierte »Morning Cloud« innen. Kombüse und, links, Kojen, die bequemer waren als die auf den vorhergehenden Booten.

Anspruch. Erst gegen Ende des Jahres konnte ich mit Olin und Rod Stephens ernsthaft an eine vierte *Morning Cloud* herangehen.

Als Olin einen Entwurf fertiggestellt hatte, von dem er meinte, er könnte dem entsprechen, was uns für ein Boot zum Admiral's Cup vorschwebte, waren die anderen Boote für die Regattasaison 1975 schon im Bau. Rod entwarf zusammen mit Owen Parker das Deckslay-out und die Inneneinrichtung; Owen kannte das alles von den Überlegungen her, die er mit der Crew darüber angestellt hatte, was auf Grund der Erfahrungen mit der dritten *Morning Cloud* anders werden sollte. Eines war ganz klar: Für den Bau eines Holzbootes reichte die Zeit nicht mehr; es würde daher Leichtmetall werden müssen. Es tat mir leid, daß ich nicht wieder zu Clare Lallow gehen konnte, der früher so großartig für uns gebaut hatte. Nun kam es darauf an, in England eine Werft zu finden, die ein erstklassiges Hochseeregattaboot aus Leichtmetall bauen konnte. Glücklicherweise hatten inzwischen zwei englische Werften seit unserer Entscheidung für ein Holzboot vor zwei Jahren erhebliche Erfahrungen im Leichtmetallbau sammeln können. Olins Pläne wurden Mitte Januar fertig, und der Bau wurde bei Alldays in Gosport unverzüglich begonnen; der Endausbau erfolgte bei Camper & Nicholson, wo das Boot am 10. Mai 1975 von Stapel ging – ganze vier Monate vom Zeichentisch aufs Wasser!

Modell der vierten »Morning Cloud«.

Sie ist ein schönes Boot geworden mit einer Ausrüstung als Hochseeregattayacht, die in jeder Hinsicht das Neueste und Modernste darstellt. Unten ist sie, wie alle ihre Vorgängerinnen, einfach und spartanisch. Die regelrechten Kojen, wie wir sie jetzt anstelle der segeltuchbespannten Gasrohrkojen haben, sind gemütlicher als alles, was wir bis dahin ersonnen hatten. Das Deck und seine Einrichtung ist noch glatter und übersichtlicher als je zuvor; das Arbeitscockpit ist weniger tief und die Anordnung der Winschengruppen ist zweckmäßiger für die Bedienung. Ganz sicher wird uns die Erfahrung im Laufe der Zeit zeigen, was alles noch besser gemacht werden kann, doch ist das, was wir jetzt haben, gegenwärtig der letzte Stand.
Die vierte *Morning Cloud* ist am Wind nicht einfach zu segeln. Mit geschrickten Schoten und vor dem Wind ist sie hervorragend. Am Wind spricht sie in einem Maße auf kleinste Änderungen an, wie es niemand von uns vorher je erlebt hatte. Wenn alles einwandfrei im Trimm ist, können wir ausgezeichnete Leistungen aus dem Boot herausholen. Vielleicht hat die Möglichkeit, jede noch so geringe Zustandsänderung mit einer Vielzahl von Einregulierungen zu beantworten, das Segeln mit dem Boot dermaßen kompliziert, daß es schwer in den Griff zu bekommen ist. Jedenfalls hatten wir nicht mehr als drei kurze Wochen, um das Boot einzusegeln und es so beherrschen zu lernen, wie das zu den Ausscheidungen zum Admiral's Cup sein muß. Dieses Mal kamen wir nicht auf den Platz, den wir uns 1971 und 1973 erkämpft hatten. Trotzdem bin ich von der Stärke und den Möglichkeiten der vierten *Morning Cloud* durchdrungen.

PROBEFAHRTEN IM SOLENT **1975**

Die vierte »Morning Cloud« beim Einsegeln auf dem Solent. Vorseiten: schnelles Segeln und, unten, hoch am Wind; das heißt harte Arbeit an den Winschen. Rechte Seite oben: Richard Halpin, Terry Leahy, Verfasser, Owen Parker und Peter Nicholson, der Navigator; er faßt auch mit zu. Rechts: an der gekuppelten Winsch mit Pedalantrieb, von links nach rechts: Verfasser, Terry Leahy, Richard Halpin, David Carne. Die vierte »Morning Cloud« ist noch sehr viel ausgefeilter als ihre Vorgängerinnen. Rechte Seite unten: Owen Parker geht nach vorn, um selber nachzusehen.

MORNING
CLOUD

MORNING
CLOUD

9

FREUDE AM SEGELN

Frischer Wind, warme Sonne und blauer Himmel; ziehende Wolken, weiße Segel oder viele, viele farbenfrohe Spinnaker überall auf dem Wasser – das ist das Bild von der Freude am Segeln, wie man es an jedem schönen Wochenende des Sommers an den Küsten rund um unser Land sehen kann. Das Segeln schafft sich ein nur ihm eigenes Ambiente für den Genuß dieses Sportes. Ob wir eine oder zwei Stunden in der Woche Regatten in Jollen segeln, ob wir Fahrten oder Hochseeregatten segeln, so möchten wir es alle Zeit haben. Und das ist auch die allgemeine Vorstellung vom Segeln.

Wenn das Wetter schlecht ist, und man ist naß bis auf die Knochen, wenn die Wolken tief dahinrasen und die Sicht fast Null ist wenn das Boot in einer wilden See tobt, während es sich dichtgerefft nach Luv kämpft, wenn es unten beinahe so naß ist wie oben an Deck, das Kochen bei der Lage des Bootes zum Alptraum wird, dann, ganz bestimmt, fragt sich ein jeder, warum in aller Welt er das eigentlich macht. Doch bleibt der Reiz des Segelns und namentlich der von Hochseeregatten.

Die Jollensegler zieht es vor allem zum Wettkampf; das ist heute den jungen Leuten überall im Lande zugänglich, nicht bloß an der Küste, auch im Binnenlande. Sie können sich zusammentun, sich ein Boot kaufen und es mit wenig Geld unterhalten. Sie können für einen geringen Beitrag Mitglieder eines Clubs mit guten Möglichkeiten werden und, wenn sie Erfolg haben, können sie mit ihrem Boot kreuz und quer durchs Land zu Länder- oder internationalen Wettkämpfen fahren. Der Steuermann auf einer Jolle ist draußen mit seiner Crew auf sich allein gestellt, Erfolg oder Mißerfolg hängen allein an seinem Urteil, an seiner Entscheidung. Daraus erwächst selbständiges Denken und Handeln. Das Boot optimal am Laufen zu halten erfordert ein schon fast instinktives Verstehen zwischen zwei oder höchstens drei Menschen, wenn sie mit jeder auch noch so kleinen Änderung von Wind und Strom mitgehen und gleichzeitig ihr taktisches Verhalten so einrichten, daß sie das Boot in eine aussichtsreiche Position bringen. Dazu kommt die rein körperliche Anspannung auf einem kleinen schnellen Boot, oft in prekärem Gleichgewicht, auf schmalem Grat zwischen Erfolg und Koppheistergehen. Ich habe immer gefunden, daß das Segeln in kleinen Booten eine höchstpersönliche Angelegenheit ist, bei der Skipper und Crew mehr und mehr mit dem Boot eins werden, alles erfühlen, was es will und sich selber als menschliche Fortsetzung seiner materiellen Struktur begreifen. Unnötig zu sagen, daß es ein gesunder und erholsamer Sport ist. Er verlangt Fitness und macht fit, er verlangt Fixigkeit und macht fix, er gibt uns Befriedigung eigener Art.

Über das Fahrtensegeln kann ich so gut wie nichts sagen, ich habe es nie betrieben. In einem voll angefüllten politischen Leben war dazu keine Zeit, nachdem das Regattasegeln seinen Tribut von meinen wenigen kostbaren freien Tagen erhoben hatte. Abgesehen davon, jede der drei letzten *Morning Clouds* ist als Rennmaschine entworfen und gebaut worden; man kann mit ihnen ohne sehr große Unbequemlichkeit kaum Fahrtensegeln, doch ließe sich die vierte *Morning Cloud* ohne Schwierigkeit zu einer wunderbaren Kreuzeryacht ausbauen. Ich kann mir freilich gut vorstellen, wie schön es sein muß, im Urlaub auf einem Boot zu leben, von einem Ort zum anderen zu bummeln, gerade wie es dem Geiste gelüstet; nicht gehetzt, eine Bahnmarke zu runden oder einen Konkurrenten abzuhängen, sondern Freude und Entspannung an der Schönheit unserer Küsten zu finden. Es kann für viele zu einem, wenn auch jedesmal allzu kurz bemessenen Leben ohne Zeitdruck werden. Vielleicht, eines Tages könnte auch ich Fahrtensegler werden.

Das Regattasegeln in größeren Booten, auf Kurzregatten oder draußen, gibt einen Anreiz anderer Art als das Segeln mit Jollen. Das entdeckte ich, als ich von dem einen zum anderen umstieg. Auf den größeren Booten wird selbstverständlich mit gleicher Härte gekämpft, vielleicht sogar noch härter, und dieser Kampf kann ebenso aufregend sein wie der auf den kleinen. Auch auf den großen gibt es körperlichen Einsatz, dazu kommt die geistige Herausforderung, die bereits beim Entwurf und dem Bau des Bootes beginnt; die Organisation, die zum Betrieb einer komplizierten Maschinerie gehört und untrennbar damit verbunden die Teamarbeit von zehn Leuten, die darauf brennen zu gewinnen. Gewiß geht beim Hochseesegeln etwas von dem ganz persön-

Seite 152: der Start zum »Round-the-Goodwing-Race«, August 1972. Rechts: die zweite »Morning Cloud« an ihrem Liegeplatz in Port Hambles, 1971. Von links nach rechts: Sammy Sampson, Duncan Kay, Peter Dove, Peter Holt, Anthony Churchill, Owen Parker, Verfasser.

lichen Gefühl verloren, das die Hand an der Pinne einer Jolle verspürt; dafür öffnet sich ein weiteres, abwechslungsreicheres und noch interessanteres Feld.
Ich muß gestehen, man wird stark gefordert. Es ist ungeheuer, was an Gedankenarbeit und Diskussionen bereits in der Vorlaufsphase bei Entwurf und Bau einer modernen Hochseeyacht aufzuwenden ist. Alles, was zu bedenken und zu erledigen ist, um ein Boot in tadellosem Regattatrimm zu halten, muß weitgehend an Einzelne abgegeben werden. Man muß ständig dafür sorgen, daß die Crew das Notwendige bekommt, etwa ihre Verpflegung an Bord oder ihre An- und Abreise. In See sind die Wachen einzuteilen, die Rudergänger zu bestimmen; die Navigation und überhaupt der ganze Bordbetrieb muß laufen. Nach meiner Erfahrung liegt das Geheimnis eines gut funktionierenden Betriebes darin, daß man die Verantwortung an diejenigen delegiert, dir ihr gewachsen sind, doch muß man dazu erst einmal die richtige Crew zusammenbekommen.
Das Aussuchen der Einzelnen und die passende Zusammensetzung einer Crew ist eine Kunst für sich. Die Auswahlmöglichkeiten sind dadurch eingeengt, daß es nur verhältnismäßig wenige gibt, die das notwendige Können und die Erfahrung haben und die auch bereit sind, ihre Zeit ständig zum Mitsegeln herzugeben. Im Sommer beginnen die Seeregatten am Freitag jedes zweiten Wochenendes und laufen bis Sonntag. Die Männer der Besatzung müssen entweder in der glücklichen Lage sein, über ihre Zeit bestimmen oder ihre Brötchengeber dazu bewegen zu können, ihnen die nötige Zeit freizugeben. Und dann muß vielleicht auch noch die Frau oder Freundin überredet werden, sich damit abzufinden. Ich habe immer versucht, zu helfen, indem ich die Frauen und Freundinnen der Crew zu allem, was wir an Land unternahmen, zu Hause und im Ausland, mit heranholte.

Am besten ist eine vielseitig zusammengesetzte Crew. Das Können als Rudergänger, Navigator, Winschmann oder auf dem Vorschiff ist wesentlich und muß sich verbinden mit guter Seemannschaft und der Beherrschung mindestens einer, besser mehrerer dieser Tätigkeiten. Rein körperliche Kraft ist für viele Verrichtungen ein Muß, zugleich aber: Je mehr die Besatzungsmitglieder die Grundlagen des Segelns geistig erfaßt haben, um so besser werden sie in der Lage sein, mit den fortschreitenden Veränderungen im Entwurf von Booten und der Entwicklung der Segel, denen wir uns heutzutage gegenübersehen, mitzugehen. Spezialkenntnisse über bestimmte Teile der Ausrüstung, der Segel, Winschen, der Elektronik, und die Fähigkeit, sie zu reparieren, ist unbezahlbar. Am besten wissen gewöhnlich diejenigen mit all diesen Dingen Bescheid, dir für entsprechende Herstellerfirmen arbeiten. Ich habe bisher das Glück gehabt, daß einige von meinen Leuten von solchen Firmen kamen. Zusätzlich zu diesen Technikern braucht jede Spitzenbesatzung einige »Ideenträger« – das eine schließt das andere nicht aus, und wenn einer beides hat, dann ist das eine besondere Stärke –, um neue Lösungen für alte Probleme zu überdenken und mit neuen Vorschlägen herauszukommen, die die Dinge weiterbringen und über die man sich dann die Köpfe heiß reden kann.
Diese Fähigkeiten sind bei dem einzelnen weitgehend durch Persönlickeit und Erfahrungen bestimmmt. Der eine Rudergänger ist vielleicht am besten bei leichtem Wind; er nimmt den leisesten Hauch wahr und mogelt das Boot weiter, ohne es ihm auch nur einen Augenblick zu gestatten, stehen zu bleiben. Ein anderer wieder fühlt sich am wohlsten, wenn es kachelt, er steht eine Stunde und länger am Ruder und kämpft gegen die Elemente, die das Boot und ihn beuteln. Ein dritter steuert vielleicht am liebsten bei achterlichem Wind, er nutzt die Seen aus, die ihm gerade eben das bißchen mehr Fahrt geben, das er braucht, um der Konkurrenz davonzulaufen. Ein Steuerer muß schon allerhand können, um das Boot genau am Wind oder auf seinem Kompaßkurs zu halten. Wenn man dazu noch nimmt, was es bringt, wenn er einen guten Start hinlegen kann, wenn er im Pulk mit den anderen Booten an die Linie gehen und dabei die vorteilhafteste Position finden kann, um unter Berücksichtigung des Windes und des Stromes den besten Kurs zu laufen, wenn er das Loch findet, wo er

Die Freuden des Segelns: Die Tonne wird »genommen«. Das italienische Boot »Levantades« beim Admiral's Cup, 1971.

durchkommen und sich da hineinquetschen kann, wobei er die ganze Zeit aufpassen muß, daß er nicht von einem anderen Boot behindert wird, und bei alledem nicht durchdreht, wenn einige 60 Boote aus allen möglichen Ländern um ihn herumsegeln, dann hat man eine großartige Beschreibung der Tätigkeitsmerkmale für die Männer, die das Boot steuern sollen. Ian Lallow, der Sohn des Erbauers der zweiten und dritten *Morning Cloud,* sicherlich einer der hervorragendsten Steuerleute auf dem Solent, hat das ganz und gar erfüllt, zu Hause und in Australien. George Steed, der mit seinem eigenen Eintonner viele Erfolge hatte, ist ebenfalls große Klasse. Sammy Sampson und Jean Berger, beide von der Ostküste, gehörten zu den ersten, die bei mir am Ruder waren. Owen Parker hat seinen Teil getan, kannte er doch den Solent wie keiner. Peter Nicholson, dessen Werft für den Bau der vierten *Morning Cloud* verantwortlich war, hat das Boot wunderbar gesteuert, er war auch ein ausgezeichneter Navigator.

Die Arbeit des Navigators erfordert heutzutage nicht nur Genauigkeit beim Koppeln – und die Fähigkeit, die Rudergänger dazu zu bringen, ihm die gesteuerten Kurse als Grundlage dafür genau zu melden –, er muß auch mit den für Regatten zugelassenen elektronischen Hilfsmitteln vertraut sein. Das erste ist grundlegend wichtig, auf letztere sollte man sich nicht zu sehr verlassen. Ich habe den Verdacht, daß so mancher Navigator seinen Kurs absetzt und den Fortgang des Bootes fröhlich auf der Karte einträgt, ohne sich dabei allzuviele Gedanken zu machen; vielmehr verläßt er sich darauf, daß er in Nähe des Zieles schon eine Funkpeilung bekommen wird und dann die nötigen Verbesserungen, egal wie groß, wird anbringen können. Das ist keine gute Navigation und so gewinnt man keine Regatten. Der Navigator muß auch die Eigenschaften des Bootes und sein Verhalten in unterschiedlichen Wetterbedingungen herausfinden und sie beim Koppeln berücksichtigen. Die Berechnung der Gezeiten ist ein gewöhnlicher Rechenvorgang – ich habe allerdings oft meine Zweifel an der Zuverlässigkeit der Stromatlanten –, aber wieviele kennen wohl die Abdrift ihres Bootes durch den Wind wirklich genau? Auf eine Strecke von 100 oder 150 Meilen kann ein Grad sich schon erheblich auf den Landfall auswirken. Das Leben eines Navigators ist nicht leicht. Zwar wachfrei, aber ständig auf dem Sprung, kratzt er sich

Der Spinnaker der dritten »Morning Cloud« ist bei der ersten Kurzregatta des Admiral's Cup 1973 unters Boot gekommen. Lieber nicht nachmachen!

sein bißchen Schlaf zusammen, wie er es kriegen kann, ständig vor der Wahl zwischen einem Bündel von Möglichkeiten und sich dessen voll bewußt, daß er wenig Anerkennung erntet, wenn alles gut läuft, daß ihn aber, sollte ihm ein Fehler unterlaufen, die ganze Crew ohne Erbarmen in Stücke reißen und verdammen wird. Doch ist das Leben auf dem Vorschiff auch kein Zuckerlecken. Draußen am wild bockenden Bug in Sturm und Dunkelheit, am Sicherheitsgurt hängend, laufend ins Wasser getunkt, halb taub vom Krach der See und des Windes, Vorsegel zu wechseln, da braucht man Schneid und vor allem die Fähigkeit zu überleben. Duncan Kay, der sechs Jahre zur Crew gehört hat und Mark Dowland, der mit ihm vier Jahre bei uns fuhr, sind eine harte und zuverlässige Vorschiffsgang, wie man sie sich besser nicht wünschen kann. Sie kennen kein Zögern, egal wie dick es kommt.

Das sind die Eigenschaften und das Können, wie ich sie immer bei meinen Besatzungen zu finden gesucht habe. Eine wirklich gute Hochseeregattacrew braucht aber noch mehr – Durchstehvermögen, Verträglichkeit, Kampfgeist und Mut. Man meine nicht vorschnell, Ausdauer und Jugend seien dasselbe. Ich muß gestehen, ich war doch etwas überrascht, als ich nach ein paar Tagen mit vierstündigem Wachwechsel feststellte, daß die Jungen anfingen weich zu werden. Ausnahmen mag es geben. Es scheint aber doch, daß sich die Ausdauer erst ab der Mitte der zwanziger Jahre festigt. Dann kann sie bis weit in die sechziger Jahre anhalten, wie Francis Chichester es uns gezeigt hat. Seekrankheit kann ein Problen werden. Man kann sie niemandem zum Vorwurf machen, doch setzt sie nun einmal die Leistungsfähigkeit herab, und wenn man Mittel dagegen nimmt, stumpfen die Sinne ab. Verträglichkeit ist eine wichtige Eigenschaft – wenn man eine Crew aufbaut, gilt es Menschen zu finden, die miteinander auskommen können, wenn sie vier oder fünf Tage lang in See unter engen, nicht immer angenehmen und manchmal gefährlichen Umständen zusammenleben, sie müssen geduldig die kleinen Schwächen und Fehler des anderen hinnehmen und bereit sein, ihm zu helfen, wo sie können. Ein gewisses Maß an Spannung ist gewiß unvermeidbar in der etwas hitzigen Atmosphäre eines harten Wettkampfes, sie muß sich jedoch stets in Grenzen halten lassen.

Segeln erfordert Mut und Ausdauer. Sir Francis Chichester (oben) hat das überzeugend dargetan. Rechte Seite: Luftaufnahme der »Gypsy Moth IV« – noch rund 400 sm bis Plymouth und nach Hause, Juni 1968.

Zu gewinnen erfordert ein hohes Maß an Kampfgeist; Durchhalten unter langandauernden Widrigkeiten noch mehr. Auf der *Morning Cloud* haben wir immer Regatta gesegelt, um zu gewinnen. Fünf Jahre lang hatten wir mehr als den uns billigerweise zukommenden Erfolg, und wenn wir verloren haben, hoffe ich, waren wir gute Verlierer. Selbstverständlich muß ein Sport in Zusammenhang mit unserem sonstigen Leben gesehen werden. Für den Amateur – das waren alle auf den *Morning Clouds* – ist der Sport Erholung und Abwechslung im Zusammenwirken als Team und nicht, wie die tägliche Arbeit, etwas, das jeder für sich betreibt. Und wir tun es, um zu gewinnen. Sicherlich läßt sich darüber streiten: Manch einer meint, Regattasegeln an sich, das Dabeisein, sei schon alles und was darüber hinausgeht, berge bereits die Gefahr des Professionalismus in sich. Das ist nun aber höchst unwahrscheinlich. Ich habe nie jemanden von meinen Besatzungen etwas gezahlt, und die Preisgelder in der Größenordnung von £5 für einen ersten, £3 für einen zweiten und £1 für einen dritten Platz dürften kaum ein Anreiz zu unsportlichen Praktiken sein! Gewinnen wollen ist schon in sich genügend Ansporn, und wenn man »Professionalismus« als berufsmäßiges oder besser systematisches Herangehen an den Sport und seine Herausforderungen begreift, dann bejahe ich ihn ganz entschieden. Ohne ihn wären wir niemals so weit gekommen, wie uns das in diesen vergangenen paar Jahren gelungen ist; die anderen hätten uns stehen gelassen. Planung, Vorbereitung und Handeln, stets auf das Höchste gerichtet – das ist für den Jollensegler in seinem Club zu Hause nicht weniger wichtig als für den olympischen Champion, der sein Land vertritt, wie Rodney Pattison es uns so oft gezeigt hat; ebenso notwendig für ein Boot, das auf einer Binnenbahn am Sonnabendnachmittag ein paar Runden um seine »Fässer« dreht, wie für den Hochseeregattasegler. Manchmal denke ich, daß das Regattasegeln, wie wir es binnen und draußen betreiben, die unfairste aller Sportarten ist. Wer vorn liegt, kann in ein Windloch fallen, für das er ganz bestimmt selbst nichts kann; die Boote hinten sehen, was los ist, und segeln

Links: zwei viel bewunderte und berühmte Segler: Prinz Philipp, Duke of Edinburgh (links) und Uffa Fox in Cowes. Unten: Robin Knox-Johnson lag mit seiner »Suhaili« beim »Round-the-World-Nonstop-Race«, 1969, an der Spitze.

Einsame Weltumsegler beschäftigen die Einbildungskraft. Sir Alec Rose segelte bei der Einhand-Atlantiküberquerung 1964 mit.

um einen herum, und man wird zum »Tampen durchgereicht«. Wie oft ist mir das passiert! Selbst bei ein und derselben Regatta können sich die Verhältnisse so oft ändern, manchmal werden die kleinen und dann wieder die großen Boote begünstigt, daß das Ergebnis bis zum Schluß offen ist. Der Wille zum Sieg ist es, der zählt, und der hängt entscheidend am Kampfgeist der Crew.

Auf der *Morning Cloud* haben wir versucht, alles, soweit es ging, als Crew gemeinsam zu tun. Das beginnt mit den Gesprächen über Entwurf und Einrichtung des Bootes; es setzt sich fort mit dem Austausch von Meinungen über neue Crewmitglieder. Wir tragen gleiche Kleidung, teils aus Sicherheitserwägungen, aber auch, weil es hilft, uns zu einer Einheit zu machen. Wenn wir unterwegs sind, mögen wir nicht auseinandergerissen werden; wir wollen lieber zusammen wohnen. Nach jedem Race hocken wir gern zusammen und sprechen es durch – vesuchen aus unseren Fehlern zu lernen – und wenn wir nicht gemeinsam an Land gehen können, dann palavern wir auf dem Boot. Dieser fortwährende Austausch von Meinungen und Infomationen ist es, der eine Crew zusammenbringt und den einzelnen befähigt, zu handeln, weil er fast instinktmäßig weiß, was die anderen in einer gegebenen Lage tun werden. Natürlich ist das ein Idealzustand, aber es lohnt sich, Zeit und Mühe daran zu wenden. Dabei war es mir eine große Hilfe, daß Owen Aisher so nett war, mir 1970 und 1971 sein Haus in Cowes mit dem Blick auf den Solent zu überlassen. Zwei Jahre lang traf sich die Crew dort, und von diesen Treffen gingen ganz wesentliche Anstöße aus, die sich auf den Entwurf der zweiten *Morning Cloud* und auf das Ergebnis des Admiral's Cup auswirkten. Später wurde es schwerer, einen gleich hohen Stand gegenseitiger Verbindung aufrechtzuerhalten, und der durch mein hohes Amt auf mir lastende Druck machte die Sache nicht einfacher. Ich bin und bleibe bei der Ansicht, daß sich nur so eine erfolg- und siegreiche Crew aufbauen läßt. Niemand hat das stärker empfunden als Robin Aisher, der Captain der englischen Teams für den Admiral's Cup 1975 und 1977, als er es zum Siege führte und den Cup nach England zurückholte. In ihm vereinen sich technische Kenntnisse und Können mit Aufgeschlossenheit für neue Gedanken, und das hat ihn befähigt, die *Frigate* und die *Yeoman XX* auf Regatten drinnen und draußen zu immer neuen Erfolgen zu segeln; sein Siegeswille übertrug sich nicht allein auf seine Crew, sondern auch auf das ganze englische Team.

Wie fühlt man sich denn nun wirklich als Hochseeregattasegler? Immer wieder werde ich danach gefragt. Ich kann darauf lediglich aus eigener Erfahrung auf meinen vier Booten antworten. In schlechtem Wetter muß das Leben auf kleineren Booten noch schwerer sein als wir es auf der ersten *Morning Cloud* gefunden haben; kein Zweifel, große Boote haben nach dem, was ich auf Besuchen davon gesehen habe, mehr »Lebensraum« für ihre Besatzungen. Im Ergebnis mögen dort die Spannungen geringer sein.
Technisch werden die Hochseeregattaboote immer komplizierter. Etwas überspitzt läßt sich sagen: je einfacher man das Deckslay-out gestaltet, je glatter seine Einzelbestandteile aussehen, um so komplizierter jedes Stück der Ausrüstung und die zugehörenden Einstellmöglichkeiten. Weiter oben habe ich von den Winschen gesprochen. Ein anderes Beispiel sind die Segel. Ein Großsegel kann man heutzutage auf siebenerlei Weise in seiner Arbeit beeinflussen: mit dem Schnitt des Segels, dem Fall des Mastes, der Lage des Großfalles, dem Steifsetzen oder Losegeben der Lieken, dem Zug auf die Großschot, der Einstellung des Schottravellers und das Arbeiten mit dem Cunningham-Strecker. Dazu kann im Bedarfsfalle gerefft werden. Mit Ausnahme des Schnitts kann jede dieser Einwirkungsmöglichkeiten jederzeit benutzt werden, um sich den jeweiligen Umständen anzupassen, und die Einstellungen müssen mit der Änderung der Verhältnisse sehr, sehr oft von einem zum anderen Moment vorgenommen werden. Das Problem besteht darin, sie alle am richtigen Ort zur gleichen Zeit zum Tagen zu bringen. Das verlangt vom Steuermann und von denen, die die Segel bedienen, unausgesetzte Konzentration.

Sir Max Aitken am Ruder seiner »Crusade«.

Unter Deck ist auf der *Morning Cloud* vor allem das vorhanden, was zum Regattasegeln nötig ist: die Navigationsecke, mit Kartentisch, Karten und Instrumenten, die Segellast; die Kombüse, die Schlafkojen, die Spinde für trockenes und die Beutel mit Reißverschluß für nasses Zeug, die einfache Toilette und Waschgelegenheit; für mehr ist kein Platz. Die Routine ist simpel. Wir haben zwei Wachen, jede besteht aus vier Mann; vier Stunden an Deck und vier Stunden unten. Wenn eines der großen Segel zu wechseln ist oder es hart wird, holen wir die Freiwache an Deck. Auf langen Regatten geht eine Wache einmal am Tage nur zwei Stunden, wodurch sich die Wachfolge ändert, und die Wachen nicht Tag für Tag zu gleichen Zeiten gehen müssen. Der Navigator und ich als Skipper sind wachfrei. Wir sind jederzeit zur Stelle und stottern unseren Schlaf zusammen, wo wir ihn finden, wenn es mal ruhiger ist. Unter Deck zieht die von oben kommende Freiwache das nasse Ölzeug und die Stiefel aus und legt sie klar, um schnell wieder hineinsteigen zu können, falls sie plötzlich nach oben gerufen werden. Und dann sieht jeder zu, daß er sich ganz schnell in seine Koje einrollt. Bei schlechtem Wetter liegen sie angezogen auf den Schlafsäcken für den Fall, daß sie schnell heraus müssen, sonst liegen sie ausgezogen in den Schlafsäcken. Auf *Morning Cloud* gibt es nur sechs Kojen, vier für die Freiwache und je eine für den Navigator und für mich. Angespannte Arbeit an Deck, vor allem in schwerem Wetter und beim Segelumstauen, besonders bei häufigem Spinnakerwechseln, läßt den Schlaf von selbst kommen, und wenn es noch so ballert; und er ist hochgradig wichtig, wenn die Besatzung die Regatta über auf Draht bleiben soll. Übermüdung bringt Gefahr und Fehleinschätzung der Lage mit sich. Die Crew in Gang zu halten, und zwar jeden für sich und alle als eine Einheit, ist einer der Schlüssel zum Erfolg, ein weiterer ist, sie gut zu füttern!

Einer muß in der Kombüse arbeiten und für das Essen sorgen. Wir sind nicht groß genug, um dafür einen besonderen Koch haben zu können. Zum Glück haben wir auf jeder Wache immer jemanden gehabt, der zusätzlich zu seiner sonstigen Tätigkeit auch noch gut kochen konnte. Ein reichhaltiges Frühstück mit Orangensaft, Bacon and Eggs, Pilzen und Toast steht der Crew einer *Morning Cloud* gut zu Gesichte. Und nirgend schmeckt es besser als an einem hellen Sommermorgen auf See. Als warme Mahlzeiten haben wir an den ersten zwei oder drei Tagen einer Regatta Frischfleisch, Steaks und Hammelkoteletts, das wir in einer Eisbox mit großen Eisblöcken unten drin frischhalten; Büchsen- oder Trockengemüse und vorgekochtes Essen, Hühnchen oder Koteletts mit Salat zum kalten Lunch. Es hängt am Koch und

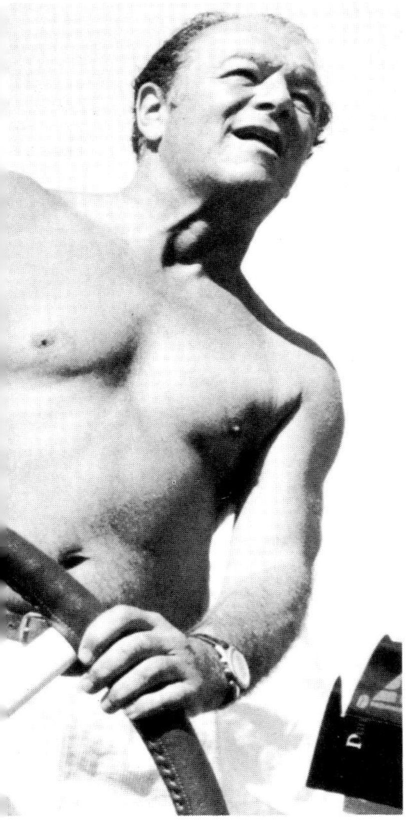

Robins Vater, Owen Aisher.

Robin Aisher steuert seine »Frigate«.

Robin Knox-Johnson zwischen seinem Proviant.

»Also, Sie haben diesen etwas dicklichen Mann gesehen mit einer Pfeife und mit einem Hund, der Mr. Heath's Boot bewundert hat und diesen Bohrer in der Hand hatte . . .?«

daran, was er kann und kennt, ob ihm etwas einfällt, um das Essen mit dem, was sich in Päckchen und Dosen findet, ein wenig netter und abwechslungsreicher zu gestalten. Ich versuchte einmal, die Ernährung der Besatzung etwas weniger vom Zufall abhängig zu machen und veranstaltete ein Probeessen mit verschiedenen Konserven und verpackten Lebensmitteln, denn es ist wichtig, daß die Crew mag, was sie ißt, und gleichzeitig hilft es, überflüssiges Gewicht nicht erst an Bord zu nehmen. Wir waren alle überrascht, wie groß die Unterschiede zwischen den einzelnen Sorten waren. Eine aufschlußreiche Erfahrung. Wir trafen unsere Wahl und sind dabei geblieben.
Die Einrichtung der Kombüse haben wir ganz auf das Praktische ausgerichtet, so daß die Arbeit auch, wenn es schlecht wird, mit einem Mindestmaß an Aufwand und Anstrengung erledigt werden kann. Teller und Tassen aus Pappmaché, die nach Gebrauch über Bord geworfen werden, ersparen das Aufwaschen, aber irgendjemand muß sich doch noch des Bestecks und der »Potten und Pann'« erbarmen. Niemand tut das gern und nichts gibt mehr Verdruß an Bord, als wenn eine Wache findet, daß die Vorwache ihr freundlicherweise den Abwasch überlassen hat.
Man meint vielleicht, das sei ein einfaches Leben – fern von allem. Das kann es sein, wenn man den Rundfunk an Bord in Ruhe läßt – und wir haben kein Tonbandgerät mit. Es ist gewiß abwechslungsreich, zu Zeiten ist es körperlich anstrengend und stellt Anforderungen an Geist und Gemüt; dann wieder ist es inhaltslos bis an die Grenze von Langerweile. Ein gewisses Risiko ist bei dem Sport immer gegenwärtig; es kann von überbeanspruchtem Material herkommen oder von anderen Schiffen, namentlich wenn im Nebel Schiffahrtswege zu kreuzen sind. Die Gefahren der See tun das ihre, eine Crew zusammenzuschweißen, denn jeder weiß, daß sein Leben, wie das der Anderen, von ihrer gemeinsamen Anstrengung abhängt. Gibt es Angst auf See? Ja, natürlich. Niemand, der Seeregatten gesegelt hat, wird das leugnen wollen; aber etwas tun ist oft ein wirksames Gegenmittel gegen Furcht, und an der Notwendigkeit etwas zu tun, mangelt es selten auf See, wenn es hart hergeht. Und manchmal ist da die persönliche Trauer um den Verlust eines Kameraden und, selten, um den Verlust eines Bootes. Die See fordert immer unseren Respekt.
Die Crewen der *Morning Cloud's* haben immer unter einer zusätzlichen Belastung gestanden, die andere nicht hatten. Allem voran die ständige und wahrscheinlich unvermeidliche Publicity, der unsere Boote ausgesetzt sind. Jeder taktische Mißgriff, jedes falsche Manöver, jedes kleine Mißgeschick, wie etwa auf Dreck laufen – wie wir es uns beim Einlaufen in den Hafen von Ramsgate als Folge einer nicht berichtigten Seekarte leisteten, – das bei jedem anderen Boot unbeachtet geblieben wäre, – wird sofort zu Schlagzeilen auf der ersten Seite. Der Start zum Fastnet 1971 und dann wieder 1973 mit dem durchdringenden Kreischen von drei Hubschraubern über unseren Köpfen, die uns dem Solent entlang folgten, und mit sechs oder acht Pressebooten neben uns, spannte die Nerven zum Zerreißen. Die Crew hat das gut überstanden.
Das Segeln gab mir die Möglichkeit Menschen kennenzulernen, die ich sonst nie kennengelernt hätte. Was mir dabei Freude gemacht hat, war an ihren Interessen teilzuhaben, nicht den politischen oder den geschäftlichen, sondern allein an den Dingen, die wir auf unserem eigenen selbstgewählten Felde zu erreichen versucht haben. Und diese Menschen haben sich freundlich und voller Verständnis gezeigt.
Der Royal Ocean Racing Club nahm mich bereitwillig als Neuling auf, und nach zwei Jahren machten sie mich zum Captain des englischen Teams beim Admiral's Cup. Ich habe es mir zur Regel gemacht, nie irgendeine Rolle in der Segelpolitik spielen zu wollen – genau so wenig bei der Musik übrigens – die normale Politik reicht mir. Der Posten als Commodore des House-of-Commons-Yacht-Club – eine reine Formsache – ist der einzige Flaggenoffiziersposten, den ich je innehatte. (Es handelt sich hierbei um etwas ähnliches wie einen Ehrenvorsitzenden. d. Übers.) Es liegt in der Natur der Sache, daß es Boote und Crewen gibt, die immer gut miteinander auskommen und andere, die das weniger können. Aufgrund unserer Verbindungen sind die Beziehungen zwischen uns und den Australiern, den Amerikanern und den Neuseeländern bei internationalen Wettkämpfen besonders eng und angenehm gewesen, auch zu den Iren, die regelmäßig nach Cowes kommen. Merkwürdiger-

weise haben wir weniger Kontakte zu den Europäern vom Festland. Eine bleibende und irgendwie besondere Beziehung besteht zwischen uns und den anderen Booten, die im englischen Team gewesen sind. Mit ihren Skippern, Arthur Slater, von der *Prospect of Whitby,* Bob Watson von der *Cervantes,* Donald Parr von der *Quailo,* John Prentice von der *Battlecry,* Ron Amey von der *Noryema* und Robin Aisher, dem letzten Teamcaptain, habe ich sehr eng zusammengearbeitet. Bob Watsons Kelch mit einer Gravur, die an unseren Sieg im Admiral's Cup 1971 erinnert, ziert heute mein Haus.

Man hört oft, Segeln sei ein Sport für die Reichen. In Wirklichkeit ist es hier nicht anders als bei den allermeisten Tätigkeiten unseres täglichen Lebens. Für jeden gibt es Platz, vom kleinen Jollensegler bis zum Eigner einer großen Yacht. An jedem Wochenende von April bis September fahren in England mehr als zwei Millionen Menschen in Booten aller Art umher und genießen gesunde, aktive Erholung, – mehr als an jedem Sonnabend im Winter beim Fußball zusehen; nicht mitmachen, sondern nur zusehen. Wichtiger als was für ein Boot jemand hat und was er dafür ausgibt, ist die Tatsache, daß Segeln und vornehmlich Regattasegeln ein klassenloser Sport ist. In einer durchschnittlichen Besatzung finden sich Menschen aus allen denkbaren Lebensbereichen, aus ganz unterschiedlichen persönlichen Verhältnissen. Was sie sind, kümmert die Kameraden wenig; was sie in der Crew leisten, darauf kommt es an. Diese Einstellung muß bestimmt auch in anderen Bereichen unserer Gesellschaft ihren Wert haben und verdient gefördert zu werden.

Wir in England haben das Glück gehabt, daß unsere führenden Yachtsegler zur Unterstützung des Sports viel getan und ein Beispiel gesetzt haben. Owen Aisher hat dem Segeln immer neue Anstöße und Anregungen gegeben, und das nicht nur mit seinen eigenen Leistungen, zum Beispiel dem Sieg im Fastnet-Race 1951 mit der *Yeoman III* – mit 75 Jahren ist er inzwischen bei *Yeoman XX* angelangt – sondern weil er sich auch um mehr verwaltungsmäßige Dinge gekümmert hat. Wenn ich einmal einen Tiefpunkt hatte, hat er mich immer wieder zum Weitermachen ermutigt – mit seiner tatkräftigen Lebensauffassung und seiner Entschlossenheit, mit allen Schwierigkeiten

Die Gegensätze des Segelns. Links: Handeln und Bewegung. Ich rufe etwas nach vorn, dritte »Morning Cloud«, 1973. Oben: Langeweile und Enttäuschung – kein bißchen Wind und Zeit für einen Apfel, vierte »Morning Cloud«, Cowes-Woche, 1975.

fertig zu werden. Und dann Max Aitken, der mit einer langen Reihe von berühmten Booten noch viel mehr Triumphe errungen hat, ist in Verbindung damit auch auf vielen anderen Gebieten tätig gewesen. Seine Unterstützung der jährlichen Bootsausstellung in London war für die Werften und für alle, die sich für Boote interessieren, gleichgültig ob Bootsbesitzer oder nicht, unschätzbar. Auf der Ausstellung 1971 konnte ich mit Stolz aus seiner Hand den Preis für »den Yachtsegler des Jahres 1970«, den die Yachtkorrespondenten mir zuerkannt hatten, entgegennehmen. Ich zog ihn später milde auf und sagte, am Ende des Jahres, wenn ich den Preis wieder zurückgeben müßte, hätte ich nichts mehr vorzuzeigen. Er verstand den Wink, und seitdem wird eine Nachbildung des Preises vergeben, die man behält, und ich habe die erste davon. Und gewiß werden viele besonders an die großartige Gastfreundschaft zurückdenken, die er besuchenden Booten so oft gewährt hat, vornehmlich solchen aus dem Commonwealth und den USA, in jenem prachtvoll ausgebauten Segelboden mit dem Blick über den Medina-River bei Cowes, in dem er so viele Schätze aus der Geschichte des Segelns aufbewahrt. Von da her habe ich mein Interesse an Schiffsmodellen, ich habe inzwischen die meiner *Morning Cloud's* und andere, die französische Kriegsgefangene in der napoleonischen Zeit gebaut haben.

Und dann die Segler, die in unseren Tagen den Erdball umrundet und sich in die Geschichte eingeschrieben haben Alec Rose kommt wie ich aus East Kent. In Canterbury geboren, mit seinem Geschäft in Ramsgate, hat er sein erstes Boot in Broadstairs ins Wasser geschoben – genau wie ich. Er hat immer großen Anteil an den *Morning Cloud's* genommen. Und er war stets zur Stelle, wenn es galt, den Seglern überall im Lande sein Wissen und seine Erfahrungen großzügig zur Verfügung zu stellen.

Auch Robin Knox-Johnstons Familie lebt in Kent, etwas näher an meinem Wahlkreis als an meinem Zuhause. Diese Verbindung war einer der Gründe, daß ich mich bereitfand, nach seiner Rückkehr von der Einhandreise nonstop um die Erde an einer Fernsehsendung teilzunehmen, obwohl ich im Vergleich zu ihm nur geringe Erfahrung hatte. Ich war gespannt zu erfahren, ob die lange Zeit allein auf See überhaupt eine und welche Wirkung auf ihn gehabt hatte. Bei Einleitung des Gesprächs sagte der Interviewer: »Ich bin sicher, was die Zuschauer, Mr. Knox-Johnston, gern von Ihnen hören möchten, ist, was Sie auf Ihrer langen Reise am meisten entbehrt haben.« Ohne sich lange zu besinnen, antwortete Robin: »Well, Sie wissen schon, was mir am meisten gefehlt hat, aber ich habe auch gutes Essen und guten Wein vermißt.« Da dachte ich bei mir, jemand, der so schnell mit solch einer Antwort kommt, kann die Verbindung zur Wirklichkeit bestimmt nicht verloren haben.

Mit Francis Chichester und seiner Frau Sheila teilte ich die Freude an der Musik und am Segeln, und wir unterhielten uns über die technischen Finessen der Stereowiedergabe, als er nach seiner epochemachenden Reise eine Stereoanlage geschenkt bekam. Gerade diese Reise hat die Augen des englischen Volkes wieder auf die See gerichtet. Ich werde immer an seine Landung in Plymouth denken, als er wieder nach Hause kam. Gleich Millionen sah ich es im Fernsehen. Zuerst kam die enttäuschende Mitteilung, daß er Joe Hoe wahrscheinlich bis zur Dunkelheit nicht würde erreichen können, weil der Wind eingeschlafen war. Dann, als es schon dämmerte, erschien *Gipsy Moth* und er stieg an Land. Welch ein bewegender Augenblick! Dann die Pressekonferenz. Francis Chichester war zögernd, abweisend, stockend – wie tat er mir leid! Schließlich stellte ihm ein junger Reporter die Frage, auf die alle irgendwie gewartet hatten: »Sir Francis, warum haben Sie das getan?« Da leuchteten seine Augen auf und die Antwort kam ohne Zögern: »Weil es das Leben reicher macht.« Weil es das Leben reicher macht!

Mir wie vielen anderen bringt das Segeln Erholung, die mich körperlich und geistig in

eine andere Richtung zieht als mein tägliches politisches Leben. Wenn ich in das Getriebe zurückkomme, bin ich frisch, bereit, die immer wiederkehrenden Probleme in neuem Licht zu sehen. Für einen Politiker ist es wesentlich, sich so gut er kann, eine solche schöpferische Betätigung zu erhalten, wenn auch die Politik im Allgemeinen und die Regierungstätigkeit im Besonderen den Vorrang haben müssen. Als ich im Mai 1971 mit Präsident Pompidou in Paris Gespräche führte, die zum erfolgreichen Abschluß der Verhandlungen über den Eintritt Englands in die EG führten, hatten wir beide geplant, das Treffen mit einem Frühstück in der britischen Botschaft am zweiten Tage, einem Freitag, ausklingen zu lassen, an dem der französische Präsident teilnehmen wollte. Ich wollte danach nach Hause fliegen, zur *Morning Cloud* herunterfahren und am Abend zum Channel-Race starten. Beim Essen stellten wir fest, daß wir viel weiter kommen könnten als wir erwartet hatten; so entschlossen wir uns, die Besprechungen fortzusetzen. Mein Privatsekretär bestellte der *Morning Cloud,* sie sollten ohne mich segeln. Am Abend, als alles erledigt war, sagte Präsident Pompidou zu mir: »Nun haben Sie Ihre Regatta verpaßt. Vor zwei Wochen haben Sie gewonnen. Was möchten Sie, daß dieses Mal passiert? Ist es besser für Ihre Leute, ohne Sie zu gewinnen, in welchem Falle es sich zeigte, daß es auf Sie nicht ankommt, oder nicht zu gewinnen, in welchem Falle *Morning Cloud* eine wichtige Regatta eben vor Ihren Ausscheidungen zum Admiral's Cup verlöre. Was von beiden soll es werden?« Ich konnte ja nun gar nichts machen. *Morning Cloud* regelte den Fall, indem sie zweite wurde!

Weil es das Leben reicher macht!

Es gibt, oft unerwartet, Augenblicke höchster Schönheit auf der See. Das ist nicht allein die Farbe, das Leben, die Fröhlichkeit der unvergeßlichen Cowes-Woche 1975, die in jeder Hinsicht vollkommen war, außer daß an fast jedem Tage der Wind fehlte. Es ist nicht nur der Abendfriede, wenn die Sonne über den vor Burnham an ihrer Boje liegenden Booten untergeht und der Herbst sich schon leise ankündigt. Es ist die Schönheit der See an sich. Von all den vielen Bildern, die ich in mich aufgenommen habe, steht mir eines unauslöschlich vor Augen. Es war früh am Morgen beim Fastnet-Race 1973. Ich war an Deck gekommen, es war beinahe flau, und ich sah, wie die Sonne allmählich durch den tiefliegenden Dunst aufging. Plötzlich wurde mir bewußt, daß ich zum ersten Male das in Farbe sah, was die Impressionisten und die nach ihnen kamen, gesehen hatten. Die leicht gekräuselte See zwischen der *Morning Cloud* und der Sonne war ein vielfarbiges Fleckenmuster von glanzvollem Gelb, Purpur und Grün, und die Flecken hüpften und tanzten durcheinander. Derain sprang mir in den Sinn; er hatte das gleiche Bild vor seinen Augen gehabt, er konnte es anderen in der Sprache seiner Farben vermitteln. Auf der anderen, der von der Sonne abgewandten Seite der *Morning Cloud,* lag alles in einem zarten Grau, wie ein Whistler.

Weil es das Leben reicher macht!

Vielleicht haben wir in den vergangenen paar Jahren dem Segeln und besonders dem Seesegeln in England einigen Anstoß geben können. Ich glaube es, und ich hoffe, daß es ein bleibender Beitrag zu unserem Sport gewesen ist.

Vor allem würde es mich freuen, wenn ich denken dürfte, daß wir vielen Menschen und vornehmlich jungen Menschen mit den *Morning Clouds* so etwas wie eine Lebensphilosophie haben geben können. Daß nämlich ein Wiederauffrischen von Körper und Geist, gleich auf welche Weise, wesentlicher Bestandteil eines erfüllten Lebens ist; daß es nicht noch längerer, noch härterer und noch tristerer Arbeit bedarf, um unserer Probleme zu lösen, die menschlichen und die unseres Landes, sondern eines verstärkten Strebens nach dem Höchsten, das für uns erreichbar ist. Das können wir gemeinsam tun, unabhängig von Stand, Klasse oder Bekenntnis, und da die Zukunft das für uns bereithält, was wir selber aus unseren Möglichkeiten zu machen gewillt sind, sollte das Streben nach dem Besten zur Richtschnur unseres Handelns werden. Und wenn wir unserem Ziel näher kommen, wird schon darin eine Befriedigung liegen. Wenn es uns gelungen ist, solche Gedanken, wie unvollkommen auch immer, an den einen oder anderen unserer Landsleute weiterzugeben, will ich wohl zufrieden sein.

Wir kommen nach der Burnham-Woche, bei der wir jede Regatta gewonnen hatten, an Land. Zweite »Morning Cloud«, 1972. Von links nach rechts: Verfasser, Owen Parker und als letzter Anthony Churchill.

FASTNET
1979

Gleich nach dem Einlaufen in Plymouth berichtete ich dem Sunday Mirror über das Fastnetrennen:

Heute vor neun Tagen, am Sonnabend, dem 11. 8., nachmittags, liefen wir mit rund 300 Yachten über die Startlinie vor Cowes. Es stand ein handiger Wind, der uns ziemlich schnell durch die Needles und in den Englischen Kanal brachte.
Bei Portland Bill und Lizard hatten wir es wie üblich mit dem gegenanstehenden Tidenstrom zu tun. Danach sah es nach einer schnellen Reise zum Fastnet Rock aus.
Zu dieser Zeit begannen wir uns über das vorhergesagte Wetter Gedanken zu machen. Als wir aus Cowes ausliefen, wußten wir, daß wir starken Wind, möglicherweise bis zu 40 kn (8 Bft, Sturmstärke), erwarten konnten.
Das haben wir schon oft erlebt, sogar am letzten Donnerstag der Cowes-Week.
Zu dieser Zeit war jedoch noch keineswegs von einem Sturm die Rede, der 55 und in Böen bis 60 kn (10–11 Bft) erreichen würde. Erst als wir die 1750-Wettervorhersage hörten, wurde uns klar, daß der drohende Starkwind Sturmesstärke annehmen könnte.
Morning Cloud lief jetzt sehr schnell auf den Fastnet Rock zu. Meine größte Sorge war: Bei früheren Fastnet-Regatten waren wir unter die irische Küste und von da nach Süden gelaufen, um den Felsen mit Sicherheit zu finden.
Unter den Umständen des vergangenen Montags nicht verlockend. Denn Sturm aus SW würde uns auf Legerwall dieser Felsküste treiben.
Wenn dann schlechte Sicht hinzukäme, würde es äußerst schwierig sein, vor dieser gefährlichen Küste unangenehme Situationen zu vermeiden.
Zum Glück bekamen wir plötzlich das Feuer von Fastnet recht voraus in Sicht. Mein Navigator hatte uns auf geradem Kurs zu dieser Wendemarke gebracht.
Mir fiel ein Stein vom Herzen, als ich sah, daß wir nun nicht entlang der Küste würden krebsen müssen. Am Dienstagmorgen um 02.00 Uhr rundeten wir bei stürmischem Wind den Leuchtturm. Danach schien der Wind etwas nachzulassen.
Das ließ uns glauben, wir hätten das Dickste des angesagten Wetters hinter uns und, daß sich die See mehr und mehr beruhigen würde, je weiter wir segelten. In Wirklichkeit sollte es genau umgekehrt kommen. Nach rund zwei Stunden frischte der Wind schnell wieder auf, und es wurde uns klar, daß das Eigentliche noch kommen würde. Der Wind nahm auf 55 kn (11 Bft) zu und erreichte in Böen gelegentlich über 60 kn (11-12 Bft). Augenscheinlich trugen wir zu viel Segel, aber wir liefen auch sehr gute Fahrt. An Deck hatten wir zwei Mann am Ruder und zwei weitere Leute, alle selbstverständlich am Sicherheitsgurt, fest mit dem Boot verbunden.
Die See war zu einem kochenden Inferno geworden. Gewaltige Seen mit langen brechenden Kämmen oft kreuz und quer anrollend, machten den Rudergängern das Leben schwer.
Plötzlich erfaßte ein enormer Roller, der schräg von achtern anlief, die *Morning Cloud,* schleuderte sie nach oben und legte sie mit betäubendem Krachen auf die Seite. Sie richtete sich schnell wieder auf. Mein erster Gedanke war, ob einer von der Besatzung oder das Boot schweren Schaden genommen hätte.
Oben war der eine von den Rudergängern gegen das Ruderrad geschleudert worden, das dabei verbog, und dann knallte er gegen eine Relingstütze, die abknickte. Der andere Rudergänger war gegen den Kompaß geworfen worden, der in die schäumende See schoß.
Unten wurde die Freiwache aus den Kojen geschleudert, gefolgt von deren Inhalt. In der Finsternis war es so gut wie unmöglich zu sehen, ob jemand verletzt oder das Boot in seinem Verband beschädigt worden war. Doch konnten sie schnell Licht machen und anfangen aufzuklaren.
Es zeigte sich bald, daß *Morning Cloud* im wesentlichen unbeschädigt davongekommen war. Dem Rumpf und, soweit wir von unten sehen konnten, dem Mast und den Salingen war nichts geschehen.

Keines der Segel war aus den Lieken geflogen. Das Ruder funktionierte. Niemand war außenbords gegangen. Zwar war der harte Schlag für uns alle ein Schock gewesen, aber das Boot war heil. Doch beschwerte mich während der folgenden Stunden ständig der Gedanke, ob alles weiter halten würde, wenn der Wind noch stärker und die See noch schlimmer würde.
Erst am Nachmittag ließ der Sturm allmählich nach, und die See wurde handiger. Wir begrüßten das von Herzen und waren dankbar, daß wir überlebt hatten.
Mit einer hervorragenden Crew und einem guten Boot hatten wir bewiesen, daß es möglich war.
Unnötigerweise wurden die Besorgnisse der Crew vermehrt, als wir im Rundfunk hörten, daß *Morning Cloud* in Schwierigkeiten sei, was in keinem Augenblick der Fall war; wir hätten unser Ruder verloren – nie passiert – und, daß wir nach Cork und offensichtlich gleichzeitig nach Falmouth geschleppt würden. An nichts von alledem hatten wir auch nur einen Augenblick gedacht.
Wir fürchteten, daß diese Berichte unseren Familien und Freunden Unruhe und Sorge bringen würde, und das taten sie denn auch.
Wir bemühten uns nach Kräften, alles dieses richtigzustellen, doch gelang uns das erst, als wir schon fast in Plymouth waren.
Erste Fragen:
Sind die modernen Regattaboote zu leicht gebaut? Soll eine Mindestgröße für teilnehmende Boote vorgeschrieben werden?
Möglich, aber tatsächlich haben sich gerade kleine, leichtgebaute Boote besonders bewährt – so unsere (englische) *Eclipse,* die im Fastnet-Race an der Spitze lag, oder die amerikanische *IMP.*
Genügten die Sicherheitsvorkehrungen?
Möglicherweise nicht, doch reichten sie zur Rettung von 136 Menschen aus.
Genügte die Information über das Wetter?
Es stimmt, daß zur Zeit des Starts von einem Sturm nichts verlautete; lediglich Starkwind war angesagt worden.
Warum liefen die Boote nicht unter Landschutz, als sie merkten, was kam?
Einige taten es, aber in dem Seegebiet vor dem St. Georgskanal kann man nirgendwo schnell unter Landschutz laufen. Lands End auf der einen und die Irische Südküste auf der anderen Seite sind weit entfernt.
Sollten Funksprecheinrichtungen vorgeschrieben werden?
Vielleicht, ich selber bin immer stark dafür eingetreten.
Ist die Seemannschaft auf allen Booten ausreichend, um mit einer derartigen Situation fertig zu werden?
Fraglich, denn wer bei uns Seeregatten segelt, muß nur selten mit einer solchen Lage fertig werden.
Die Tragödie von Fastnet hat einen Schatten über die Regatta um den Admiral's Cup geworfen, sie kann aber die großartige Leistung der drei australischen Boote, die ihn gewonnen haben, nicht verdunkeln.
Doch sollte sie Anlaß sein, für die Zukunft sicherzustellen, daß eine Grundlage höchstmöglicher Sicherheit für das Hochseeregattasegeln geschaffen wird – soweit überhaupt möglich bei einem Sport, der immer von Gefahr umgeben und mit hohem Risiko belastet sein wird.

Lehren aus Fastnet

Das erste Fastnet-Race wurde 1925 gesegelt, das diesjährige war das 25. 25 Male war es von Schäden an Booten und Verlusten bei den Besatzungen bemerkenswert frei geblieben. Dieser Rekord steht nun leider nicht mehr.
Von den 316 Booten, die vor Cowes über die Startlinie gegangen waren, beendeten nur 128 das Rennen in Plymouth. 23 Boote sanken oder wurden verlassen, 165 waren gezwungen aufzugeben. 136 Segler wurden geborgen, 15 mußten ihr Leben lassen. Wir trauern um sie und fühlen tief mit den Angehörigen.

Die *ROYAL RACING ASSOCIATION* und der *ROYAL OCEAN RACING CLUB* haben eine gründliche Untersuchung der Geschehnisse, die zu einer Katastrophe von solchen Ausmaßen geführt haben, eingeleitet. Ich bin sicher, niemand meint, weil 50 Jahre lang nichts passiert ist, würden wir weitere 50 Jahre sicher sein.

Die Fastnet-Rennen von 1973, 1975 und 1977 liefen unter »Leichtwetterverhältnissen«. So mögen in der Tat die mittleren 70er Jahre den Einen oder Anderen zu der Ansicht verführt haben, an dem Fastnet-Rennen sei nicht viel mehr als an einer Regatta um die Isle of Wight. Genau so gut können wir jetzt aber eine Serie von Schwerwetterrennen vor uns haben. Also müssen wir sicherstellen, daß sich die Tragödie von 1979 nicht wiederholt.

Zugegeben, hier wird auch Grundsätzliches berührt. Wer auf die See geht, weiß, daß er gegen die Elemente antritt, mithin ein Risiko läuft. Wer Hochseeregatten segelt, weiß genau, daß sich diese Risiken noch erhöhen, weil er einen ganz besonders intensiven Wettbewerbssport betreibt, bei dem er nicht nur gegen die Elemente antritt, sondern sie in einem Rennen, das er ja gewinnen will, in äußerstem Maße herausfordert. Niemand, der sich dem verschrieben hat, möchte die dazu notwendigen Eigenschaften und den Einsatzwillen schmälern. Ich finde, es muß jedem freistehen, seinen Sport so zu betreiben, wie er es wünscht – soweit es ihn als Einzelperson betrifft. Bei einer organisierten Sportveranstaltung jedoch liegt auf den Veranstaltern eine schwere Verantwortung, denn sie müssen sicherstellen, daß höchste Anforderungen an Ausrüstung und Sicherheit eindeutig definiert sind und von allen Teilnehmern befolgt werden sowie, daß diese jede Hilfe dazu erhalten. Ich meine, daß eine solche Einstellung für unsere künftigen Entscheidungen bezüglich des Fastnetrennens richtunggebend sein sollte.

Wir waren mit der *Morning Cloud* schon über zwei Tage im Rennen, als wir am Montag mit dem 17.50 Uhr-Wetterbericht die ersten Hinweise bekamen, daß der Wind im Laufe der Nacht auf volle Sturmstärke zunehmen würde. Dies wurde am Dienstag, dem 14. 8., mit der 0.15 Uhr-Vorhersage für die Schiffahrt bestätigt, die vor einem schweren Sturm von 9 Bft, örtlich 10, warnte. Tatsächlich bekamen wir nach etwa vier Stunden Böen von Bft 11, über 60 kn.

Die Skipper und Navigatoren des britischen Teams für den Admiral's Cup waren vor dem Start eingehend über die Wetterlage unterrichtet worden. Mehr noch, wir hatten die Wetterentwicklung während mindestens der letzten zwei Wochen aufmerksam verfolgt. Im Zeitpunkt der Wetterbelehrung deutete nichts darauf hin, daß wir mehr als einen kräftigen Starkwind bekommen würden. Die meisten Hochseeregattasegler kennen das; sie wissen, wie sie sich dabei zu verhalten haben und können darauf vertrauen, daß ihre Boote damit fertig werden. Andrerseits vermute ich, daß von den 3000 Seglern, die in dieser Nacht im Seegebiet vor dem St. Georgskanal waren, nur ganz wenige einen Sturm dieser Heftigkeit und Dauer erlebt haben. Es mag uns ein gewisser Trost sein, daß wir nun Besatzungen haben, die wissen, wie das ist und was sie unter solchen Umständen zu tun haben.

Bezüglich des *Wetterdienstes* für Hochseeregatten sollten einige im Sinne des Wortes lebenswichtige Punkte neu durchdacht werden:

1. Der Zeitunterschied zwischen dem Zeitpunkt der Vorhersage und der Bekanntgabe im Rundfunk.

Eine ganze Reihe von uns versucht seit langem, diesen Zeitunterschied zu verringern, bisher mit mäßigem Erfolg. Da muß jetzt baldigst etwas geschehen.

2. Ausführliche Wetterberichte sollten öfter als dreimal täglich ausgestrahlt werden.

Natürlich arbeitet der Seewetterdienst in erster Linie für Schiffahrt und Fischerei; während der Segelsaison und für die wichtigsten Segelreviere sollte er aber auch die Bedürfnisse der Segler mehr berücksichtigen.

3. Zusätzlich zu den täglichen Vorhersagen sollten in Zukunft mehr und ausführlichere langfristige Vorhersagen gegeben werden.

Vorhersagen für die jeweils nächsten fünf Tage, die nach Angabe der Fachleute möglich sind, wären für Seeregatten von hohem Nutzen.

4. Gemeinsame Unterrichtung für alle an Hochseeregatten teilnehmenden Skipper und Navigatoren über Wetterlage und -entwicklung.

In Cowes gab es für sie nur eine fotokopierte Wetterkarte und -vorhersage für die allernächste Zeit. – Die mit einer derartigen Unterrichtung für die Veranstalter verbundene Mehrarbeit und eine gewisse Unbequemlichkeit für die Segler müßte im Interesse der Sicherheit bei Langstreckenregatten in Kauf genommen werden. – In einem Seegebiet, wo extreme Wetterlagen sich so plötzlich und heftig entwickeln können, wie im Westausgang des Kanals und wo es dann keinen schnell erreichbaren Schutz gibt, werden die Boote freilich dem Sturm nicht ausweichen können. Sowohl die Irische Küste, bei SW-Sturm eine gefährliche, felsgespickte Leeküste, wie Lands End sind weit entfernt, aber in vielen anderen Gebieten hätte jeder, der meint, er könne einen Sturm draußen nicht abwettern, eher die Möglichkeit, in Schutz abzulaufen.

Ein weiterer wichtiger Punkt sind die *Fernmeldemöglichkeiten* der Hochseeregattaboote.

Nach dem Sydney-Hobart-Race 1969, das ich mitsegelte, kam ich zu der Auffassung, daß die australischen Bestimmungen auch bei uns eingeführt werden sollten, d.h. Funksprechanlagen müßten für alle bindend vorgeschrieben sein, und die Boote müßten ihre Position zweimal täglich an das Begleitschiff melden.

Die jüngste Erfahrung hat diese meine Meinung nur noch bekräftigt. Für die Boote des Admiral's Cup waren Funksprechanlagen Vorschrift; in Zukunft sollte das für sämtliche Teilnehmer an einem Rennen wie dem Fastnet gelten. Dagegen werden immer wieder die hohen Kosten eingewandt, die aber im Vergleich zu den Kosten eines Hochseerennbootes wirklich nicht zu Buch schlagen.

Dazu ist aber dringend erforderlich, daß die zuständigen staatlichen Stellen solche kleinen, leichten und vergleichsweise billigen Anlagen zulassen, wie sie in Australien entwickelt worden sind. Wir haben vergeblich versucht, solche Zulassungen zu bekommen. Hingegen dürfen die Australier diese Anlagen benutzen, wenn sie bei uns Regatta segeln, wir Engländer aber nicht. Darin liegt kein Sinn; man sollte es schleunigst überprüfen.

Natürlich geben Boote in der Regatta ungern den Konkurrenten ihre Position preis, doch im Interesse der Sicherheit muß das durchgesetzt werden. Wer es ohne triftigen Grund unterläßt, müßte disqualifiziert werden, und wer sich mit leeren Batterien herausreden will, sollte einen doppelten Fehler angekreidet bekommen, denn dann kann er ja auch nicht seine Maschine starten, wenn es kritisch wird.

Das führt zu der Frage, ob nicht für alle Regattaboote eine *Maschine vorgeschrieben* sein sollte.

Alle diese Maßnahmen und Vorschriften würden nicht allein die Sicherheit von Booten und Besatzungen erhöhen, sondern im Notfall auch die Bergung einfacher und schneller durchführbar machen. – Mehr und wirksamer eingesetzte Begleitfahrzeuge wären zu wünschen – eine weitere Last auf den Schultern der Veranstalter, die jedoch getragen werden müßte.

Unser zum Glück glimpflich abgelaufenes Erlebnis bei Fastnet ließ uns eingehend darüber nachdenken, welche Teile des Bootes gefährdet sein könnten, wenn der Sturm noch stärker und der Seegang noch höher geworden wäre.

Dringend nötig ist es, die *Konstruktion von Rettungsinseln und ihrer Ausrüstung, sowie ihrer Handhabung* gründlich zu überdenken. Ich erinnere mich, daß Uffa Fox (bekannter Yachtkonstrukteur und Segler von der Isle of Wight) während des Krieges beauftragt wurde, etwas ähnliches für die Seeflieger zu tun – gleiches ist jetzt für die Segler vorrangig. Vielleicht besitzen Wehrmachts- und andere Dienststellen Möglichkeiten, extreme Verhältnisse zu simulieren, unter denen Yachtsegler in der Handhabung ihrer Sicherheitsausrüstung geschult werden könnten.

Luken sind ein weiterer Gefahrenpunkt. Ich bin durchaus nicht davon überzeugt, daß sie alle zweckmäßig gestaltet und stark genug sind, um einem Sturm zu widerstehen. Auch sollten Niedergänge mit doppelten Verschlüssen versehen sein, um sie im Falle einer Beschädigung, oder wenn sie von der See fortgerissen werden, schnell ersetzen zu können. Außerdem sollten Abdeckbretter für Luken und Seitenfenster vorgeschrieben werden, die sich bei schlechtem Wetter leicht anbringen lassen.

Weiter muß über die *Zahl der Segel,* die auf eine Regatta mitgenommen werden dürfen, nachgedacht werden. Die zur Zeit geltende Begrenzung hatte zum Ziel, die Ausgaben für Segel erträglicher zu machen. Praktisch tat sie das nicht. Man benötigt nach wie vor die gleiche umfangreiche »Garderobe«, aus der man dann das für die jeweilige Regatta voraussichtlich Passende aussucht. Die Begrenzung der Anzahl der an Bord in einer Regatta zugelassenen Segel erhöht also nur die Gefahr, daß man draußen nicht genügend Reservesegel zur Hand hat, wenn Segel wegfliegen. An Bord wären sie viel besser am Platze.
Ruder, namentlich solche aus Spezialmaterial wie Kohlenstoffaser, *Masten, Riggs, Kiele, Leichtmetallbau* – all dieses hat allgemein Aufmerksamkeit erregt, als Mängel bekannt wurden. Hier erhebt sich eine für die Konstruktion von Yachten grundsätzliche Frage, nämlich:
Nur ganz wenige Eigner haben die Möglichkeit, selbst zu erproben oder anderweitig festzustellen, ob der Rumpf des Bootes und seine Ausrüstung so gestaltet und stark genug sind, daß sie Stürme wie beim letzten Fastnet-Race aushalten, und das gilt gleichermaßen für Serienboote wie für Einzelbauten.
Ich meine, wir brauchen eine von Konstrukteuren wie Herstellern unabhängige Stelle, die in der Lage ist, diesbezügliche Erklärungen verbindlich abzugeben. Für größere Boote besorgen das Klassifikationsgesellschaften wie Lloyds, aber für das Gros der Hochseeregattaboote gibt es nichts Entsprechendes. Besonders wünschenswert ist etwas derartiges bei Einführung neuartiger Baustoffe und bei der Anwendung der ständig sich ändernden Regeln der International Offshore Rule (IOR). Auch hier wird man wieder nach den Kosten fragen, doch meine ich, daß nach dem, was geschehen ist, derartige Vorkehrungen für unseren Sport im Interesse seiner Sicherheit wichtig geworden sind; vermutlich eine weitere Belastung für den Royal Ocean Racing Club; oder man sollte eine andere Stelle damit betrauen. Jedenfalls kann den Eignern nicht länger zugemutet werden, sich mit einer Einstellung des »Versuch's – und sieh' zu – wie's läuft« abzufinden.
Da ich schon von der Formel spreche, vielleicht noch folgendes: Als man sich auf die internationale Formel (IOR) einigte, hofften viele, sie würde eine Periode der Beruhigung im Entwurf und Bau von Segelyachten einleiten. Das Gegenteil ist eingetreten. Es gab mehr Änderungen als je zuvor, die allen, die in der Spitze des Hochseerennsports mitmarschieren wollten, praktisch und finanziell Nachteile brachte. Jetzt ist Gelegenheit, diese Dinge ins Auge zu fassen. Vielleicht sollten sich auch diejenigen, die nicht Konstrukteure oder Techniker sind, mehr mit diesen Fragen befassen und darauf dringen, daß langfristige Lösungen gefunden werden.
Das Fastnet von 1979 wird mehr in der Erinnerung an die Opfer fortleben, die es gefordert hat, als an jene, die seine Probleme meisterten oder die gerettet wurden. – Doch abgesehen davon: wenn wir seine Lehren richtig verstehen, kann das Ergebnis sein, daß der Hochseerennsport auf einer festeren und mit weniger Unsicherheiten belasteten Grundlage steht als das auf einigen Gebieten bisher der Fall ist.

SEGELBIOGRAPHIE VON EDWARD HEATH

1965	**Edward Heath wird zum Führer der Konservativen Partei, der Oppositionspartei, gewählt.**
1966 Sommer	Edward Heath entschließt sich, auf einem Boot der Forelandklasse (18 Fuß) mit Segeln anzufangen
1967	Edward Heath kauft eine Snipe, *Blue Heather* (16 Fuß)
1968 Januar	Edward Heath kauft die Fireball *Blue Heather II* (eben über 16 Fuß)
1969 Januar	Edward Heath kauft die S & S 34, die erste *Morning Cloud* (Entwurf Sparkman & Stephens)
April	*Morning Cloud* vom Stapel
August	Gewinnt den Ramsgate Gold Cup
Dezember	Southern Cross-Serie in Australien, *Morning Cloud* wird als Reserveboot für das englische Team ausgewählt
30. Dezember	*Morning Cloud* gewinnt das Sydney-Hobart-Rennen
1970 Juni	**Die Konservativen gewinnen die Wahl. Edward Heath wird Premierminister.**
August	*Morning Cloud* gewinnt den Commodore's Cup in Burnham
1971 Ostern	Stapellauf der zweiten *Morning Cloud* (40 Fuß, Entwurf Sparkman & Stephens, gebaut bei Clare Lallow)
Juli	*Morning Cloud* wird für das englische Team für den Admiral's Cup ausgewählt Edward Heath Teamkapitain *Morning Cloud* gewinnt das Round-the-Island-Rennen bei der Cowes-Woche
August	Der Admiral's Cup wird von England gewonnen
Dezember	*Morning Cloud* gewinnt den Preis in ihrer Klasse beim Sydney-Hobart-Rennen. (Edward Heath nicht an Bord)
1972 August	*Morning Cloud* gewinnt das Round-the-Island-Rennen zum zweiten Male hintereinander *Morning Cloud* gewinnt den Town-Cup der Burnham-Woche
1973 April	Die dritte *Morning Cloud* läuft vom Stapel (45 Fuß, Entwurf Sparkman & Stephens, gebaut von Clare Lallow) *Morning Cloud* wird für das englische Admiral's Cup-Team ausgewählt
Juli	*Morning Cloud* gewinnt das Round-the-Island-Rennen zum dritten Male hintereinander
1974 Februar	**Die Konservative Partei verliert die Wahlen. Edward Heath wird Führer der Opposition.**
August	Cowes-Woche. *Morning Cloud* gewinnt den Cup des New York Yacht Club Ramsgate. *Morning Cloud* gewinnt das Round-the-Goodwins-Rennen
3. September	*Morning Cloud* wird auf ihrer Überführungsfahrt mit der Verlegungscrew nach Cowes in einem Sturm schwer beschädigt und sinkt in See. Zwei Mann der Crew gehen verloren
Oktober	**Labour gewinnt die Wahlen.**
1975 Februar	**Edward Heath nicht mehr Vorsitzender der Konservativen Partei.**
Mai	Vierte *Morning Cloud* vom Stapel (45 Fuß, Entwurf von Sparkman & Stephens, gebaut bei Alldays in Gosport und bei Camper & Nicholson)
August	Cowes Woche. *Morning Cloud* segelt die Burnham-Woche mit und gewinnt nach Punkten

	1977 Mai	Fünfte *Morning Cloud* vom Stapel
	1979 Juli	*Morning Cloud* für das britische Team um den Admiral's Cup ausgewählt. Edward Heath Teamleiter *Morning Cloud* gewinnt die Meisterschaft der Klasse I bei den RORC-Seeregatten *Morning Cloud* Zweite bei den Meisterschaftsregatten um den Solent Points-Preis *Morning Cloud* für das britische Team bei den Ausscheidungen um die Sardinien-Cup-Weltmeisterschaften im September 1980 ausgewählt. Edward Heath Teamleiter.

DIE REGATTEN

Juli	Round-the-Island-Rennen (von Cowes um die Isle of Wight und zurück nach Cowes, 60 sm. 1931 erstmalig. Preis: Gold Roman Bowl)
Juli	Cowes-Dinard-Rennen (der Zeitpunkt wechselt jährlich, aber normalerweise im Juli. Annähernd 180 sm, 9 Preise, dabei Trinkkannen, Pokale usw.)
August	Pattison Cup (von Mersea nach Burnham 53 sm, erstmalig 1948)
August	ADMIRAL'S CUP (erstmals 1957, wird im Rahmen der Cowes-Woche gesegelt, inzwischen ist das Rennen zu einem der Hauptereignisse auf dem seglerischen Kalender geworden) 4 Regatten: Channel-Race (von Cowes ausgehend wird die Bahn erst 10 Minuten vor dem Start bestimmt. 220 sm) Zwei 30 sm-Regatten auf dem Solent: das Royal-Ocean-Racing-Club-Rennen und das Royal-Yacht-Racing-Club-Rennen Das Fastnet-Rennen (von Cowes zum Fastnet Rock vor Irland, endet in Plymouth, 605 sm) Das Round-the-Goodwins-Rennen, Ramsgate (erstmals 1959, 55 sm, Noot-Cup)
August/ September	Die Burnham-Woche (erstmals 1892, Bahnen werden täglich bestimmt) Town-Cup-Rennen Commodore's-Cup-Rennen Burnham-Trophy
Dezember	SOUTHERN-CROSS-CUP-Serie, Australien Eine 220 sm-Seeregatta, zwei 30 sm-Regatten, das Sydney-Hobart-Rennen
1980	Seeregatten: Noreyma-Pokal der Klassen I und II im Rennen um die De Guingaud-Schale King Edward VII – Goldpokal der Klasse I im Cowes-Dinard-St. Malo-Rennen Regatten auf dem Solent: um die Gold-Roman-Schale für den Gesamtgewinner im Round-the-Island-Rennen (über 1000 Teilnehmer)

MORNING CLOUD
R.Y.S.